U0921992

基金定投的非传统营销

JIJIN DINGTOU DE FEI CHUANTONG YINGXIAO

巴蜀养基场 编

图书在版编目(CIP)数据

基金定投的非传统营销/巴蜀养基场编．—成都：西南财经大学出版社,2018.3
ISBN 978-7-5504-3347-2

Ⅰ.①基… Ⅱ.①巴… Ⅲ.①基金—证券投资—营销—研究
Ⅳ.①F830.59

中国版本图书馆 CIP 数据核字(2017)第 326628 号

基金定投的非传统营销
JIJIN DINGTOU DE FEICHUANTONG YINGXIAO
巴蜀养基场　编

策划编辑:冯梅　黄媛慧
责任编辑:冯梅
责任校对:陈何真璐
封面设计:墨创文化
责任印制:朱曼丽

出版发行	西南财经大学出版社(四川省成都市光华村街 55 号)
网　　址	http://www.bookcj.com
电子邮件	bookcj@foxmail.com
邮政编码	610074
电　　话	028-87353785　87352368
印　　刷	四川五洲彩印有限责任公司
成品尺寸	148mm×210mm
印　　张	6.5
字　　数	175 千字
版　　次	2018 年 3 月第 1 版
印　　次	2018 年 3 月第 1 次印刷
书　　号	ISBN 978-7-5504-3347-2
定　　价	59.00 元

编委会

序一 XUYI

这是一本讲授基金定投知识和定投营销技巧的书，是一群在国内公募基金业界具有丰富从业经验的销售精英总结自己长期实践经验而编写的心血之作。当我的同事钟海威把书稿发给我希望我能写点什么东西的时候，我有点忐忑不安。我虽从事投资研究工作十多年，但对于市场销售业务确实是门外汉。即使最近三年从事公募基金经营管理工作对基金销售有了一点了解，也确实怕说外行话，谈不到点子上。但另一方面，我又欣然接受了海威的邀请，因为我觉得基金定投是一种很有意义的投资方式，而推广基金定投又是一项很艰巨、难度很大的长期工作，一群有情怀的从业者去花大力气做这么一件有意义的事情，当然值得强烈支持。

利用元旦小长假的闲暇时间，我一气呵成读完了本书。我是怀着学习的心态阅读本书的。我希望了解这些作者怎么理解定投，怎么去向客户进行基金定投营销，如何不断地利用基金定投加强投资者教育、提升客户服务体验和满意度、让投资者在理财过程中变得更成熟、更理性。应该说，在书中一篇篇不同主题的文章和实践案例分享，对这些问题都有涉及，答案和结论都是作者结合理论和实践的思考，仁者见仁，智者见智，值得大家细细品味。

就我个人的理解来说，基金定投是一种投资理财方式，它把个人客户从原来一次性、离散的投资行为变为一种连续的、有规律的投资行为。这种方式相比原来单次营销单次投入的好处是什么呢？答案是在相当程度上克服了客户投资时机选择失当的问题——只要客户长期坚持定投的话。我们基金从业人员有一个很心痛的事是，长期来看通过我们的专业化投资管理能够找出市场规律，获得超额收益，但是能充分享受到这种超额收益的客户比例却并不太大。这里面既有客户的原因，也在一定程度上跟我们的基金销售人员、销售机构有很大关系。基金定投应该说是解决这一行业矛盾，让更多的投资者得到实惠、享受专业化投资管理带来的优势的有效方法。基金定投，长期持有，发挥专业投资优势，让更多客户真正得到满意的回报，这样基金行业和基金产品才能得到更多的认可和青睐，基金规模才能够持续增长。

但是定投不是万能的，对客户来讲，一次成功的基金定投实践至少依赖于四个方面：合适的产品、合适的时机、具有长期回报的资本市场、能为客户长期创造价值的管理人。定投解决的是时机选择的问题，资产配置、智能投顾解决的是将合适的产品推荐给适当的客户的问题。如果宏观经济长期走弱或者市场总是大起大落，在这样的市场环境下，即使坚持基金定投，投资者也很难获得满意的收益。最后投资管理人的选择也很关键，具有优秀投资能力和正确投资理念的管理人能够帮助持有人与时间赛跑，为客户创造长期超额收益。因此，基金管理人在对客户进行定投营销时，要把这些跟客户讲清楚，不要单方面夸大基金定投的作用和好处，否则就会形成新的误导，投资者的定投体验往往也会很糟糕。

当前，中国特色社会主义进入新时代，宏观经济持续走好，经济活力和韧性不断增强，资本市场的改革与开放稳步推进，市场成熟度不断提升，价值投资理念越来越深入人心，资管行业回归本源不断提升主动管理能力，为公募基金行业再次赢得了难得的发展机遇。基金定投有利于培养客户长期投资的理财习惯，有利于增加市场的长期稳定资金，有利于基金管理人坚持长期价值投资理念，有利于基金销售机构增加客户黏性，是一件可以形成多方共赢、利于行业长远发展的事情，值得我们从业者去长期努力。泰康公募愿意积极参与到这一有意义的实践中去，通过产品、销售、投资等多方面共同努力和配合，为客户创造更好的价值，让更多的客户分享基金长期稳健的投资回报。

做正确的事，时间就是答案。推广基金定投是一项长期而艰巨的客户营销工作，愿意坚持在基金定投上长期投入精力与资源的公司和营销人员，一定会越来越体会到幸福的滋味。

泰康资产管理有限责任公司副总经理、公募事业部负责人　金志刚

2018 年 1.1 日深夜

金志刚

泰康资产管理有限责任公司副总经理、执委会委员

中国证券投资基金业协会养老金专业委员会联席主席

为青春点赞，为舞者喝彩

当万幸把这本书稿放在我面前请我做序的时候，我的内心是欣喜而感慨的。

这几年来，我看着这一群金融人一点一点地成长，看着这一群西部的金融人把一个看不见摸不着的梦从无做到有、从小做到大，看着他们播撒下星星点点的火花，再看着这些小小的火花在西部大地上渐成燎原之势……他们的热情一点一滴地感染着我，感染着我们。

西部经济不甚发达，基金销售规模一直无法跟发达地区相抗衡，这注定了在西部开展基金销售工作的人员需要比发达地区多承担一份艰辛，多培育一份坚韧，要去多思考、多探索，寻找适合西部金融环境的产品和推广方法。

这本《基金定投的非传统营销》没有去讲生涩的原理，没有去讲复杂的K线，而是用普通人完全听得懂的语言去传递原本复杂的定投理念。我们做理财是为了将来过得更好，我们做定投是因为当前无法精准把握市场，而我们一线的客户经理们更需要把这些理念有效地传递出去。

很长时间以来，我们都是在做投资者教育工作。传统的观念认为，客户拒绝我们推广的基金产品，是因为客户不懂复杂金融产品，是因为客户畏惧风险，是因为我们的投资者教育工作做得不到位。但事实真的是这样吗？

我们也看到了余额宝上市的群体追捧，看到了东方红基金单日百亿的火爆。客户是上帝，不在这里买却可能在那里买，差异的原因并不单纯是产品的优劣，更多的是专业和贴心的服务与关怀。客户不需要被教育，客户只需要被唤醒——唤醒他们心底的爱、心底的喜、心底的愁、心底的担忧……从而跟我们产生情绪的共振，进而达成共识，建立默契，这才是我们通常所说的“客户共鸣”。

投资是枯燥的，反人性的。客户是现实的，变化的。怎么去搭建起这座桥梁，跨越这道鸿沟呢？本书的十多位作者们为您娓娓道来。也许书中的文字并不能尽善尽美，也许其中个别内容不乏商榷的余地，但他们这份无私分享的赤诚之心，这份满满的激情与热烈的爱，让我不得不为之动容！

在金融监管寒冬濒临的 2018 年年初，人人自危的金融行业还能出现巴蜀养基场这样一抹亮丽的景色，让我忍不住要拿起笔，为青春点赞，为舞者喝彩！

首创证券总经理助理、首创联合西南主席、

首创证券四川分公司总经理　付家伟

2018 年 1 月 30 日　成都

序三

让时间去评述

昌老师邀我为本书写序，说实话有些惴惴不安。虽说公募基金问世中国已二十余载，本人接触基金也有十余年，算是有点经验的“老人”，但要说在基金市场中有多少赚钱的灵丹、避险的妙药，那还真是谈不上。

市场往往在不经意间“教育”着我们不要妄自菲薄，那些所谓的投资经验、投资秘诀，窃以为大多不可信。欣喜的是，有这么一帮金融人士，虽偏囿一方，但怀揣着满腔的挚爱和信仰，不辞辛劳、不畏艰辛地探索着，前行着。所幸，他们还真寻到了一条投资路上的“康庄大道”——基金定投。所幸，他们愿意毫无保留地分享出来，助力我们一路“钱”行。

他们用阿尔法（α）、贝塔（β）阐释基金定投赚钱的缘由，用“歪嘴曲线”“哭泣曲线”“微笑曲线”细说基金定投路上的酸甜苦辣，用神奇的窍门纠正曾经的失误，用丰富的方略化解频现的犹豫，用远见卓识播下春天的种子，用精彩的文案引路新人……如果你是一位基金从业者，请你静心读读这本书，相信一定大有裨益！

基金可能不会像有些人想象得那么好，但也不会像有些人想象得那么糟。当你读到了这本书的真谛，基金定投的魅力一定比你想象得好。不相信？那就让时间去评述吧。

中国工商银行新疆分行个人金融科科长　常　宝

2018 年 2 月 10 日　乌鲁木齐

自序 ZI XU

亲爱的读者：

当你翻开这本书的时候，你已经开始了与14位奋战在一线的基金销售经理思想的碰撞和交流。

这是一本关于基金定投非传统营销思路的书。为什么是非传统营销？因为摒弃了传统的套路和说辞。传统的金融营销大部分是在进行“恐惧式营销”：告诉我们通货膨胀多么严重，未来生活需要多少钱，而我们目前的收入无法满足未来的生活，我们必须理财，从而引导我们进行资产配置，其中一部分资金应当投入到基金定投上等。

这些传统的套路主要是针对客户的财务安全进行反复的敲打。而这往往又陷入一种悖论：一方面告诉大家，要多赚钱就必须理财，因为“你不理财，财不理你”；另一方面又在反复强调，理财并不能保证我们赚钱，不要太迷信投资理财类产品。在长期的基金销售工作中，我们看到、听到了许多理财经理和客户在这方面的困惑，这是我们萌发要写这本书的念头。

在这本非传统营销的书中，我们侧重对客户的购买动机进行了分层探讨，对客群进行了分类画像，其核心是，面对不一样的群体，我们需要用不一样的触发点去敲打和说服。

这本书的作者来自于全国十多家金融机构，把他们联结在一起的纽带，是一个名为“巴蜀养基场”的非营利组织。巴蜀养基场发源于四川，最初由一群基金从业人员发起，目的是利用休息时间共同做一些有意义的事情，比如理财公益讲座等等。经过两年多的发展，现在已逐步成为西部比较有影响力的金融公益平台，立足西部，辐射全国，是一个有温度、有情怀的金融从业人员集散地，也是一个以专业为基础的金融营销实战派交流园地。这里百家争鸣，这里别具一格，这里也清心寡欲。

本书能顺利出版，要特别感谢西南财经大学出版社冯梅老师的穿针引线。也要感谢巴蜀养基场“御用”美编范琼文老师，没有她几个月的呕心沥血，熬夜审稿，这本书也胎死腹中了。当然更要感谢我的好兄弟、好姐妹、好朋友们：万幸、林依志、张彤、贾鹏、钟海威、任春龙、马琳、秦岩、孟武、吴秋霞、屠渊、林洁、蒋卓君、魏衡等的支持和付出，没有他们齐心协力，放弃休息时间的编写，这本书也无法成型。还要感谢各大银行、基金公司、证券公司、保险公司的各位领导和朋友，是你们的大力支持和关注给了我们前进的动力。

本书内容百家争鸣，甚至有些观点相互之间有所冲突，我们没有进行强制修正和统一。我们的目的，就是要把每位作者的思想 100% 原汁原味地展现在您面前，他们每一位都是在金融行业沉浸多年的资深专家，在各自的领域都各有心得。金融营销没有对错，只有看待问题的角度不同和分析思路的差异，我们把各自的观点都摆放在您面前，让作者最真实的思想跟您产生交互，至于效果如何，有待我们亲自实践后再行考证。

最后，再次感谢大家的关注。这本书能摆放在您案头，足以证明您对巴蜀养基场、对我们这本书的支持与厚爱。

谨把此书献给我们这段不羁的卖“基”岁月。

昌利国
2018 年 3 月 1 日于成都

推荐语

知识篇

营销篇

文案篇

后　记

编后语

推荐语

TUIJIANYU

基金本身是具有一定专业性、对风险承受能力要求较高的一种投资工具，但基金定投却能将复杂的基金投资行为化繁为简，是广大投资者优化资产配置、分散投资风险、分享经济发展红利的重要投资方法，值得大力推荐。感谢《基金定投的非传统营销》一书用通俗易懂、贴近实操的笔触阐释了定投的智慧，希望更多投资者可以通过此书发现最适合自己的投资方式。

——邓一帆（中国民生银行深圳分行个人金融部、私人银行部总经理）

听说现在流行“佛系”理财，而基金定投是我们选择的一种投资态度，不用那么走心，却收获了令人羡慕的收益，你想知道的定投知识都在这本书里。

——范　亮（重庆农村商业银行个人业务部基金业务管理岗）

穿越市场牛熊变迁，应对市场跌宕起伏，相信坚持的力量。定投，让您在纷繁复杂的市场中淡定从容。

——胡瑞花（中信银行河南分行零售银行部副总经理）

科学的资产配置是培养投资纪律性的开始，也是投资成功之道。做好资产配置，坚信长期的力量，基金定投的确是一个不错的选择。本书既有业内专家经验，也有大量真实、经典的案例呈现，希望能带你走进定投的世界，让你的财富聚沙成塔。

——裴红波（中国建设银行云南省分行个人金融部）

初识定投，大约是在2007年年末，股市进入调整期，定投通过购房养老规划、子女教育基金成为与生活紧密相连的投资话题。十多年过去，我对定投的感悟是定投就如喝茶，根据自己的喜好和口味，选择不同的茶。可以冬喝普洱夏喝绿，亦可春喝龙井秋喝白，不同的茶，不同的功效，调节我们的身体所需。犹如不同的定投组合，带给我们持续的回报，只需因时因势偶尔调整，即可伴随我们一生，无论你处于人生的何种阶段，从事何种职业，如果想分享并参与经济增长的成果，随时可以选择定投作为投资方式，让复杂的事情简单化，请专业的人帮我们打理投资，让我们享受如茶般变幻而悠闲的人生。

——乔丽艳（中国建设银行洛阳分行个人金融部总经理）

基金定投简单却又复杂，因为理财是对未来的投资，需要长远的规划、严格的纪律、适合的品种、平和的心态，刚好《基金定投的非传统营销》会告诉您基金定投的奥秘。

——荣先春（中国建设银行全国产品评委会委员、建设银行四川分行个金部资深产品经理）

基金定投是一种投资方法，简单地说可以让您强制储蓄，分散配置；基金定投也更是一种理念，长期坚持，在风险和收益中寻找一个桥梁，通过时间“熨平”短期波动带来的影响。感谢本书通过通俗易懂的方式为我们揭示基金定投的奥秘。

——孙　晓（西南证券机构客户部总经理助理）

规律作息，均衡饮食塑身心健康；定期投入，分散配置助财富增值。基金定投，一个平衡而不平凡的理财习惯。

——谭　晶（中国民生银行广州分行个人金融部总经理）

中国经济的发展离不开资本市场的推动，基金是重要的组成部分，通过定投基金，普通的投资者也一样能分享我国经济发展的成果。本书的内容值得读者深入研读，最重要的是您的执行力。

——王建宇（中国民生银行厦门分行零售分管行长）

有这么一群年轻人，为了让金融从业者有归属感，他们成立了巴蜀养基场；为了让投资者更理性，他们探索最适合普通投资者的投资之道——基金定投。与其说《基金定投的非传统营销》是一本推广基金定投的营销书籍，不如说是一本对社会大众投资行为进行引导的教育书籍。它既揭示了基金定投的魅力，又告诉您如何用定投走进客户的内心，是普通投资者和金融从业者的必备书籍。

——杨晓红（华西证券市场营销管理部）

近年来个人客户投资理财的需求日益旺盛，基金是客户资产配置中不可或缺的产品，也是财富管理领域比较复杂的产品。基金销售能力是检验银行财富管理能力的重要指标，如何将相对复杂的基金营销简单易懂化，让大众更加合理地进行资产配置，以满足大家对资产回报率和收益稳定性的需求？《基金定投的非传统营销》用翔实的理论和生动的案例给予读者启发。

——余佳泓（中国农业银行云南分行高级经济师、
认证私人银行家（CPB）持证人）

定投是参与资本市场成长红利最稳健、低成本、跨周期的渠道，品种也要根据自己的偏好做选择，上车要早、树种要好，怎么选择，《基金定投的非传统营销》一书给出了最实战派的答案。

——余建业（中国民生银行长沙分行零售分管行长）

基金定投四个字说来简单，实则推动起来并非易事，好在《基金定投的非传统营销》从知识到营销再到文案都为我们提供了思路和借鉴。

——张　鹰（中国农业银行四川省分行高级产品经理）

基金定投，虽然是一个老生常谈的话题，但能够把这个基础但并不简单的投资方式讲得通俗易懂、同时又具有很强操作性指导的，《基金定投的非传统营销》可以称得上是具有代表性的一本著作。多位专业的公募基金从业者通过分享自己丰富宝贵的经验，给了我们这些财富管理师，甚至是一直寻觅盈利法宝的投资者们很好的指引。

——赵世刚（国泰君安证券股份有限公司四川分公司财富管理部副总经理）

备注：推荐语无先后之分，根据推荐人姓氏字母顺序排列。

知识篇

ZHISHI PIAN

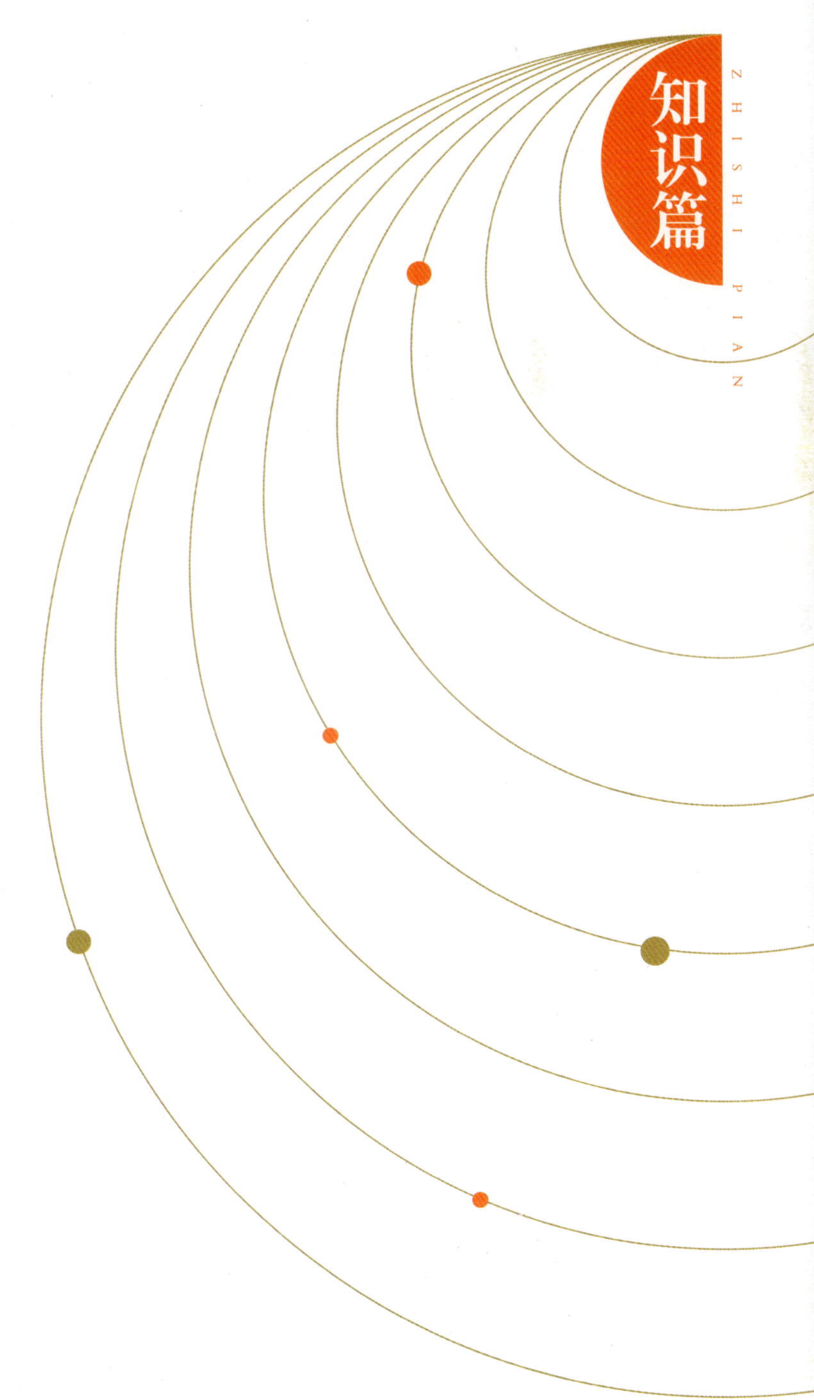

什么是基金定投

蒋卓君，农银汇理基金销售部经理，巴蜀养基场发起人之一，曾任广发基金渠道经理。

第一部分

JICHUPIAN

什么是基金定投　蒋卓君

引言：

定投的定是固定的定，也是变幻的定。

但无论方式怎么变，基金定投的原理始终不变。

我身边的小伙伴采购食材分两种方式，一种是一周进行一次大买特买，将下周一家人的口粮一次性采购齐，然后塞进冰箱管一周；另外一种则是每天下班逛到菜市采购当日所需，不多不少刚刚好。这两种方式无好坏之分，更多的是跟每个人的生活习惯有关，毕竟有人追求生活便捷，而有人追求的是菜品新鲜。其实这两种采购方式跟我们平时配置基金的两种方式“单笔买入”和“基金定投”非常类似。单笔买入就是指一次性买入看好的基金，基金定投就是指分批次的地买入看好的基金。

基金定投，英文叫 Automatic Investment Plan，从字面理解就是自动的投资计划。之所以这样描述，是因为签约基金定投后，系统会在固定的时间（如每月 8 日）以固定的金额（如 500 元）自动扣款投资到指定的开放式基金中，与银行的零存整取类似。那这种投资方式有哪些优势呢？

一、自动申购，方便快捷

现实生活中我们每个人学习的专业不一样，从事的工作内容也不一样，有人擅长投资理财，有人擅长高铁设计，有人擅长生物研究，等等。可能很多朋友本身没学习过金融、经济，对投资理财也似懂非懂，对资本市场不敏感，但又希望获得相对好一点的收益，同时又不希望耗费自己太多的时间和精力，那基金定投无疑是很好的选择。相较于单笔买入需要自己决定买入和退出时机，进行过程管理，基金定投无疑方便快捷、省心省力，因为一经签约系统就自动按照约定的时间、金额进行投资，无须择时，我们只需要保证银行卡上的余额足够即可。

二、平均成本，降低风险

如果一种投资方式只是方便快捷，没有其他优势，可能没有人会愿意采纳。基金定投除了方便快捷，还可以很好地帮助我们降低投资风险。为什么这么说呢？这里用个简单的例子进行解析（为简化计算，此处暂不考虑手续费）。

表 1-1　基金定投的份额测算表

	单位净值	申购金额	获得份额
第 1 期	1.50	1 000 元	667 份
第 2 期	1.00	1 000 元	1 000 份
第 3 期	0.50	1 000 元	2 000 份
合计：		3 000 元	3 667 份
			成本：3 000/3 667=0.818

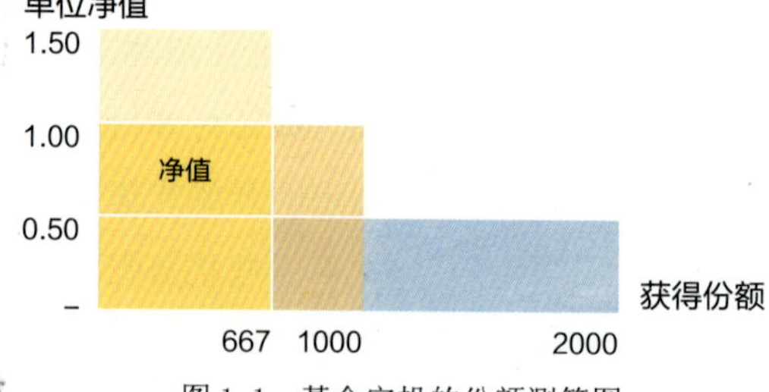

图 1-1　基金定投的份额测算图

如表 1-1、图 1-1 所示，一位客户每个月定投 1 000 元钱，但他第一期定投时刚好是基金净值最高的时候，当时的净值是 1.50，第二次定投时净值下跌到了 1.00，第三期跌得更惨，净值直接下跌到了 0.50，但客户持有下来的净值成本不是 1.50、1.00、0.50 的简单算术平均值 1，而是 0.818（为了计算方便，案例没有考虑申购手续费问题）。为什么净值不是 1，而是比 1 低较多的 0.818 呢？原因就是我们每个月用固定的金额 1 000 元买该基金，基金净值为 1.50 时我们只买到 667 份，净值为 1.00 时买到 1 000 份，而在净值为 0.50 时我们买到了 2 000 份，3 期下来我们买到的份额是 3 667 份，最划算的就是第 3 期的投资了。通过例子我们会发现，对于最佳但也是最难实现的赚钱方式“高抛低吸”的“低吸”动作，基金定投能够自动帮我们实现，从而很好地帮我们降低投资成本。

三、长期投资，坐享复利

定投有复利效应，即初始本金所赚取的收益会加入本金当中继续衍生收益，实现利滚利的效果，随着时间的推移，复利效果越明显。复利正是爱因斯坦眼中的世界第八大奇迹。

随着经济的发展，资本市场尽管会经历一些起伏震荡，但我们相信经济趋势是长期向上的，坚持定投定能享受市场上涨带来的正回报，再加上优秀基金经理精挑细选优质个股，更将助力我们获得超额收益。在国内，基金投资的历史平均收益也非常亮眼。2017 年 8 月初，中国证券投资基金业协会党委书记、会长洪磊在讲话中谈到，“截至 2017 年 6 月末，国内的开放式基金自成立以来，偏股型基金年化收益率平均为 16.18%，债券型基金年化收益率平均为 7.64%”，便是明证。

Tips:

开放式基金申购是按金额申购的，根据当日的基金净值折算成基金份额，当日下午三点前申购的按当日收盘后公布的净值计算成基金份额，三点后申购的按下一个工作日的净值计算成基金份额。申购份额 = 申购金额 /（1+ 申购费率）/T 日基金份额净值。

定投真的有收益吗

林依志，2007 年牛市后半段进入宝盈基金，2009 年起就职景顺长城基金，现任景顺长城西部区总监，巴蜀养基场发起人之一。

黄瑜娜，天津财经大学本科在读。

定投真的有收益吗　林依志　黄瑜娜

引言：

定投适合理财小白，也适合理财高手。越来越深刻的理解定投是从小白到高手的一条修炼的路径。

定投真的有收益吗？我想，对于这个问题，每个人都有自己的答案。一部分人会说有，一部分人会说没什么收益可言，甚至定投也是亏损的。我对这个问题也做了些思考。历史经验告诉我们，投资股票的平均盈利概率在 20% 左右，而一次性投资基金产品的盈利概率大约能占到 50%。基金定投的盈利概率是多少呢？目前并没有权威机构或人士发布过这方面的数据统计报告，但我相信基金定投会比一次性购买基金产品的盈利概率大很多。下面我将定投和一次性投资的盈亏逻辑与大家做个分享。

我们假设，甲乙两人购买同一只基金产品 A，甲分 5 次购买，每次 1 000 元，乙一次性购买 5 000 元。基金 A 的净值在期间从 1.0 元跌涨一个完整周期后回到原位 1.0 元（见表 1-2、图 1-2）。

表 1-2　甲乙两人的收益对比表

甲 VS 乙			
	基金 A 净值	甲份额	乙份额
第一期	1.0	1 000	5 000
第二期	1.2	833	—
第三期	1.0	1 000	—
第四期	0.8	1 250	—
第五期	1.0	1 000	—
总收益		1.67%	0.00%

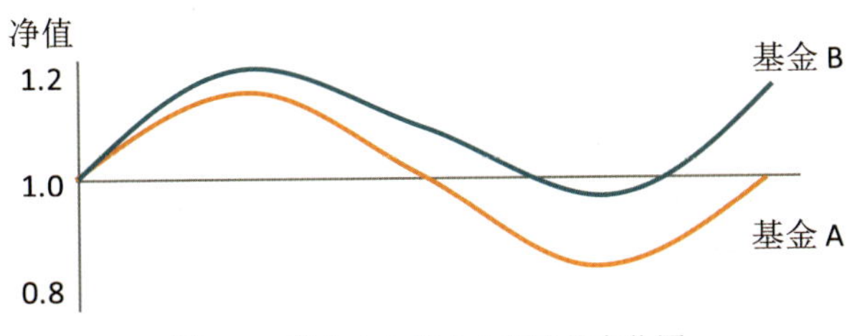

图 1-2　基金 A 与基金 B 的净值变化图

你会清晰地发现，甲定投购买基金的收益为 1.67%，而乙一次性购买基金的收益为 0（为简化计算，此处忽略买卖手续费不计）。原因是甲在低位购买了一部分基金，拉低了自己的总体平均成本。而我们更想知道的是，甲赚的究竟是谁的钱？

其实，通过低位多买、高位少买的策略拉低投资平均成本，甲赚到的是市场的超额收益——阿尔法。也就是说，在整个投资过程中，甲赚取的是别人亏掉的钱。多赚的 1.67% 是由于市场波动使得投资者可以拉低成本而造成的。那么这里可以明显看出，波动越大，定投的阿尔法越大。对于投资来说，定投就要选波动尽量大的产品。

我们再做另一个对比，甲和丙，甲仍然按照每月投入 1 000 元的方式定投基金 A，而丙则按照同样方式定投基金 B（见表 1-3）。

表 1-3　甲丙两人的收益对比表

甲 VS 丙				
	基金 A 净值	甲份额	基金 B 净值	丙份额
第一期	1.00	1 000	1.00	1 000
第二期	1.20	833	1.25	800
第三期	1.00	1 000	1.10	909
第四期	0.80	1 250	0.95	1 053
第五期	1.00	1 000	1.20	833
总收益		1.67%		10.28%

假设基金 A、B 的波动性相同。数据发现，最终甲的收益是 1.67%，而丙的收益达到 10.28%。丙明显优于甲。那么丙的收益又是从哪里来的呢？不难看出，基金 B 净值 1.2 元比最初涨了 20%，使得整体收益超过了甲，而这部分就是我们常说的赚到了市场的钱——贝塔。

所以，基金定投的收益来源如下：

收益 = 波动 + 成长

投资者在市场上有很多赚钱的策略，有不想承担风险而做阿尔法的，比如量化对冲；也有只赚贝塔钱的，比如单买指数基金或一些行业 ETF；也有想兼顾市场阿尔法和贝塔的，比如 smart 贝塔策略、指数增强策略以及大部分的主动管理策略。

综上，如果我们只期望赚取市场的钱，则可选择沪深 300 指数或中证 500 指数等指数类基金产品，坚持长期定投便可，但需承受巨大的市场波动带来的流动性压力和心理负担；如果我们只准备赚取超额收益，不愿承担市场波动的风险，则可选择对冲基金产品，但仍需面对一旦对冲策略失效时亏钱的可能性；如果我们希望把别人的钱和市场的钱都赚到手，那就需要选择能够战胜市场的主动管理类基金，并且承受基金经理对市场适应与否的巨大不确定性。

基金定投是一种经过实践证明的、可以帮助我们实现鱼（赚取别人的钱）和熊掌（赚取市场的钱）兼得梦想的、确确实实行之有效的新兴投资方式。我们只需要简单地选择某一款或某几款基金产品，长期不懈地坚持投资下去，就可以真真实实地获得阿尔法或贝塔或二者兼而有之的确切收益。

终极问题

那么，定投的这两种收益确定吗？

答案是肯定的。从上述逻辑可知，市场只要存在波动，定投就能获取市场的阿尔法收益。而经典经济学理论则告诉我们，价格是围绕价值上下波动的。只要这条规则没有改变，证券价格就会有波动，基金定投就能帮助我们找到市场的阿尔法。而我们也知道，人类文明是不断向前发展的，如果我们相信经济趋势长期向上，定投就能帮助我们赚到市场的贝塔收益（见表 1-4）。

表 1-4　国内主要指数自开盘以来的涨幅表

代码	简称	基准日期	基准点数	收盘价（元）	开盘以来涨幅
000001.SH	上证指数	1990.12.19	100	3 307.17	3207.17%
399001.SZ	深证成指	1991.04.03	1 000	11 040.45	1004.05%
000010.SH	上证 180	2002.06.28	3 299	8 647.03	162.11%
000016.SH	上证 50	2003.12.31	1 000	2 860.44	186.04%
000300.SH	沪深 300	2004.12.31	1 000	4 030.85	303.09%
000852.SH	中证 1000	2004.12.31	1 000	7 017.35	601.74%
000905.SH	中证 500	2004.12.31	1 000	6 250.82	525.08%
000906.SH	中证 800	2004.12.31	1 000	4 406.62	340.66%
399005.SZ	中小板指	2005.06.07	1 000	7 554.86	655.49%
399101.SZ	中小板综	2005.06.07	1 000	11 340.61	1 034.06%
399006.SZ	创业板指	2010.05.31	1 000	1 752.65	75.27%
399102.SZ	创业板综	2010.05.31	1 000	2 202.24	120.22%
000015.SH	红利指数	2004.12.31	1 000	2 993.99	199.40%

以上数据截至：2017 年 12 月 29 日，数据来源：chioce

Tips:

1. 都说定投能赚钱，赚钱的本源在哪里？

2. 你赚的是谁的钱，是市场的钱？还是别人的钱？

了解了以上内容，你自然知道如何选定投产品，如何制订自己的定投计划。

做时间的贩卖者
——从收益率以外来看基金定投

魏　衡，国投瑞银基金高级渠道经理，曾任交通银行四川省分行二级支行行长，交通银行金牌讲师，巴蜀养基场金牌讲师。

做时间的贩卖者
——从收益率以外来看基金定投

魏　衡

引言：

5% 的年化收益持有满 3 年，收益率也能等于 15%。收益率的高低的本质在于时间，客户想要赚钱的心态的本质也在于时间。金融从业人员应围绕时间与客户进行沟通，做时间的贩卖者。

对于一名金融从业人员来说，以下两点可以算是投资理财领域不言自明的公理了：

一、长期来看，基金定投能够取得可观的年化收益。

二、基金定投是一种简单易行的、不依赖于投资者的专业投资能力的投资方式。

正是基于对基金定投的这份认可，近十年来，无论是银行、券商还是基金公司本身，都在持续不断地向公众进行基金定投的宣传和推广，也取得了一次又一次的成绩。但是，当我们回头来看时，多多少少还是会有些遗憾：虽然在专业人士眼里，基金定投具有收益性和便捷性两大显著优势，但在与客户的沟通交流中，我们依然发现，大多数客户对此并没有清晰的认识和感受。

这并不是客户的问题。

投资者教育本就是金融机构从业人员的工作职责之一。

一个好的投资品种没有得到投资者的普遍认可，正说明我们的宣传沟通水平还有很大的提升空间。

如果投资者现在还没有认可基金定投，那么有可能是收益率和简单易行这两个关键点尚未触发他的思考。今天我们不妨换一个全新的角度，从时间的维度来看看基金定投究竟好在哪里。

首先，我们从投资本身的核心诉求来思考，投资是否就等于追求高收益呢？

不妨先问大家一个看起来非常简单的问题：

“资产 A 和 B，两者的固定收益率分别是 5% 和 15%，你会选择哪一个？”

我想，许多人都会不屑一顾地回答：“这还用问吗？当然选择 B 啊，因为 B 的收益率更高嘛！”同等风险水平和同等产品期限下，谁都会选择收益率更高的资产种类。

那么，第二个问题来了。

“如果想得要 15% 的收益率，选择持有资产 A 满 3 年，不也一样达到 15% 了吗？”

“等等，这是诡辩，”有人质疑道，“持有 1 年和持有 3 年达到 15% 是两回事，资产 B 可是提前两年就实现了收益目标。”

是的，这正是我想和大家探讨的思考角度，从时间的维度来看待这个问题。

在前面的讨论中我们很容易发现，我们平时习惯参考的重要指标——年化收益率，在收益目标确定的情况下，主要体现在达成收益目标的时间长短。

我们通常所说的高收益率，其实隐含的潜台词是，能够更快地达成收益目标。

然后我们再想想，我们做投资做理财的目的是什么？

不同的人有不同的理财目的。有的人想要攒一笔钱当作买房的首付，有的人想要换辆车……从长远来看，年轻人投资主要是为了改善生活和筹划未来退休后的生活所需，高净值人群则希望借助更好的投资组合来实现财务自由。

投资理财的意义，正是如何帮助这些拥有自己理财目标的人群，实现在稳健前提下更快达成自己目标的梦想。

换句话说，通过基金定投，我们缩短了客户实现目标的时间，无论是买房买车还是提前退休，基金定投为客户赚到的不只是收益，还有投资的等待时间。

此外，基金定投还有另外一个更重要的价值。

不妨请大家再回答一个非常简单的问题。

“赚钱是不是普通人的刚需？”

或许答案也很统一：“当然是刚需！”

除了已经财务自由的大佬，普通人不都指望着赚多些钱养家糊口吗？

那么，下一个问题是：“如果未来的你通过时光机回到现在，告诉你今晚的彩票中奖号码，你会不会去买注彩票赚 500 万元？”

答案一定是会，当然会，何止买一注，应该把整个奖金池全部掏空。

所以，我们来回顾一下赚钱这件事。

投资赚钱本身包含的定义是更广泛的，包括了选择标的、选择时机、跟踪市场、判断走势、卖出获利的整个流程，在这个过程中，每一步都需要花费大量的时间和精力去思考、去调研。而得到号码、买注彩票、获得奖金，是高度浓缩的、省去了中间过程的、直接到达赚到钱的最后一步。

是的，与其说赚钱是刚需，不如说，对于普通人而言，赚到钱才是刚需。

也有例外的案例。

case

比如沃伦·巴菲特、马克·扎克伯格、比尔·盖茨等早已财务自由得不能再自由的大佬们，赚更多的钱对他们的物质条件改善已无任何意义，所以他们不约而同地选择了以赚钱做慈善事业为目标。

对于他们而言，赚钱的过程是刚需，在赚钱这个过程中，他们找到了自我实现的乐趣。

也有职业投资者，他们享受在市场中与天斗与人斗的乐趣，他们醉心于K线的波动和政策的变化，他们享受在赚钱过程中获得的智力优越感和成就感。对于他们而言，赚钱的过程也是刚需。

而对于普通人来说，赚到钱，才是真真正正的刚需。

如果能够省掉艰辛的过程就赚到钱，那就更开心了，毕竟，谁都希望一早到公司签个到就可以拿上今天的薪水然后回家睡回笼觉吧。

如果我们认可这个理念，那么我们就能换个角度，来思考基金定投相对于个人自主投资的优势。

从收益率来说，过往的历史数据早已证明基金定投的收益率并不会比个人自主投资低（事实上，对大部分人来说是超过自主投资收益的）。而基金定投作为一种傻瓜式的投资方式，也不需要客户亲自花费大量时间研究市场（研究市场本身对他们来说也并无快感可言）。所以选择基金定投，能够为客户节省下一大把用来研究市场的时间。

看，我们又一次通过基金定投为客户赚到了时间。

赚钱的目的、理财的目标，往往都是为了给家庭提供更好的生活条件。基金定投就是为客户提供赚取更多时间来与家人共享天伦的可能性的一种相当优秀的投资方式。

如果我们想要更形象地向客户展示这一点，我们还可以设计一些宣传海报和文案。

比如，类似这样的画面：

左边是选择基金定投之前的状态。父亲拿着手机皱着眉头盯着炒股软件上一片绿色海洋，旁边是在房屋角落独自玩耍的孩子孤独的背影。

右边是选择基金定投之后的状态。父亲抱着孩子旋转嬉戏，沙发上甩着没人理睬的手机，上面跳出最新的提示短信：“您本月的基金定投已经扣款成功，祝您生活愉快。”

在上面的探讨中，我们得到两个结论。

基金定投可以缩短投资等待的时间。

节省投资调研的时间，实际上就是为客户赚到更多的时间。

而面对想象中自己轻松赚到更多时间来陪伴孩子的画面，客户很容易受到触动。

的确如此，因为时间是真正最宝贵的资源。秒针一晃动，这一秒就过去了，永远不会再回来，对时间流失的恐惧植根于每个人内心最深处。

所以针对时间的营销，是最容易通过感性的触动来说服客户的营销方向。

在这方面，我们也看到，一些非常优秀的企业已经开始做一些尝试，把自己本来就很受欢迎的产品重新解构，赋予时间上的意义。

比如，宜家。

我们来看看宜家官网“时间零售店”页面的部分产品信息（见图 1-3 至图 1-6）。

图 1-3　宜家官网时间零售店页面图一

图 1-4　宜家官网时间零售店页面图二

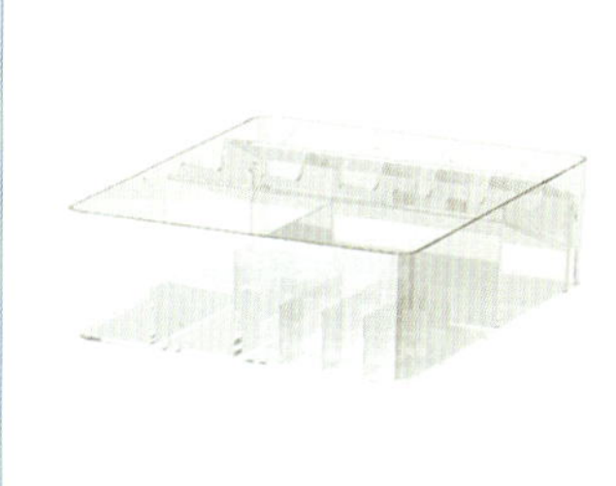

图 1-5　宜家官网时间零售店页面图三

图 1-6　宜家官网时间零售店页面图四

宜家在做的尝试，也会是我们未来可以尝试的方向。在常规的对基金定投长期收益的宣传以外，我们还可以从时间的感性角度去打动客户，比如：

每月 500 元基金定投，每天省下 30 分钟看盘时间，相当于为自己购买了 600 分钟。

每月 1 000 元基金定投，让你为孩子准备购买婚房的计划提前五年实现，相当于为自己购买了 1 800 天。

对于营销人员而言，当我们意识到，我们推荐客户做基金定投就是在为客户赚取时间，为客户的生活创造更美好的未来……我想，大家也会更有动力去推广基金定投的。

让我们一起衷心期盼有更多的小伙伴选择基金定投，与时间做朋友。

Tips:

1. 高收益率的本质是更快速地达成收益目标，从而更快的实现理财目的，实现人生梦想。

2. 赚钱不是刚需，赚到钱才是刚需，越是能更省心地赚到钱大家就越开心。

3. 销售稀缺性的商品是最容易的，而时间则是世界上最稀缺的事物，做时间的贩卖者，让销售变得更轻松。

时间的朋友——基金定投

任春龙，民生加银基金华南区总监助理，巴蜀养基场金牌讲师。

时间的朋友——基金定投

任春龙

引言：

不积跬步无以成千里，不积小流无以成江河。

读书、跑步、定投都是时间的朋友，贵在坚持，也能带来幸福和快乐！

现如今，基金定投已受到越来越多投资者的关注和喜爱。自从经历2015年股灾1.0和2.0之后，我从2015年9月开始在渠道推荐基金定投，至今已有两年了。

在这两年里，以我所服务的区域为主，我走访了民生银行、建行银行、平安银行、广发银行、渤海银行的很多分行和支行，通过行内培训和客户讲座的形式，我已经做了超过一百场的定投讲座，积极推荐基金定投的好处、意义以及适用客群，也接触到很多银行的领导和同事，以及各种类型的零售客户，他们中有很多人也对定投有过亲身感受，非常认可，而这些真实的案例反过来又使得我对定投的理念不断被激发和强化。可以说，基金定投现在已经成为我生活中不可或缺的一部分，让我生出无尽的使命感，如同布道一般，去努力向身边的每一个人真诚地推荐并弘扬基金定投的内在价值、坚持它的意义，以及坚持的方法。

一、两个真实的故事

在推荐基金定投的过程中，我不断接触到一些非常有趣或令人深受触动的真实故事，在这里分享给大家。

第一个故事：信仰的力量

图 1-7 电影《冈仁波齐》宣传海报

2017年6月的一个下午，在民生银行深圳某支行的基金健诊客户沙龙上，我结合当时热映的影片《冈仁波齐》提到了一些自己的观点，谈到信仰的力量在投资中的借鉴意义。接下来座谈的时候，这家支行的一位理财经理忍不住就我刚刚分享的内容，聊起了一位客户做定投的故事。

2013年春节后的一天中午，她在厅堂值班，遇到一位来办业务的客户，说想办理零存整取。她帮客户找好表单，问到客户为何想做零存整取，客户说，想为年幼的孩子积累教育金。了解到客户需求后，她向客户推荐基金定投这种方式，除了与零存整取一样能起到定期定额积累的作用外，通过时间的累积和资本市场的价值增长，还有可能获得更大的收益空间。客户听了她的分析，觉得很有道理，就选择了每月投资2千元基金定投。最近回访时，这位理财经理问及客户是否仍在坚持定投，客户表示一直在坚持，因为要为孩子存教育金，不会中断。

就这样一直坚持到2015年5月底股市较为疯狂的时期，客户累计投入本金5万多元，收益部分已超过10万元，这位理财经理主动联系客户，强烈建议客户先暂停定投并赎回之前的部分，但客户表示不会暂停定投，因为他的目的是为孩子储备教育金。期间客户的定投收益最高已超过200%，理财经理希望客户能先止盈，落袋为安，但客户依然继续坚持，因为在客户心目中，这是他为孩子积存的一份爱心和美好祝愿。但从投资的角度，理财经理还是认为当前市场风险较大，应当做一些规避的动作。在理财经理反复解释和建议下，客户总算同意先暂停定投，但没有对前期投资进行赎回。股灾期间，这份投资经历了大跌和2016年熔断，客户的收益剩余5万元左右，其后，客户又重新启动了定投计划。

在这个真实的故事中，这位客户坚持定投的内在动力已经上升到近乎信仰的地步，因为心中满满的爱和责任，转换成了充满力量的长期坚持。

这位客户的故事让在场的我们深受触动。

客户坚持的本心是好的，更是令人尊敬的。他的这份投资已不再是单纯追求盈利水平，更多的是对子女未来的寄托和承载。但是，我们也要看到，站在理性投资的角度，我们的基金定投（尤其是定投股票型基金）还是要坚持“止盈不止损”的基本原则。尤其在面对2015年牛市的疯狂状态时，基于A股长期“熊长牛短”的特征，留给我们止盈的时段并不多，适时获利了结方能保存前期成果。从这个角度来说，这位理财经理的专业分析、主动提醒和坚持建议更是令人尊敬的。毕竟，对于金融服务人员而言，在数次遭遇客户拒绝之后仍能坚持为客户提供理性分析和合理建议，也是需要很大勇气并承担失去客户的风险的。

第二个故事：两箱茅台和一份定投的故事

2016年年初，听闻某银行一家分行分管零售工作的行长非常重视基金定投，我有幸上门拜访了他，在交流中得知了他和定投的一段小故事。

2007年，这位行长有了一名活泼可爱的女儿。看着“贴心小棉袄”一天天长大，这位行长想为女儿准备一份有意义的礼物陪伴她成长，什么样的礼物才能承载自己对女儿的浓浓爱意呢？

经过反复思考，他做出了两个决定：一是买了两箱茅台酒存在家里，准备等到女儿出嫁的时候拿出来大家分享（有点像绍兴一带用“女儿红”作为陪嫁贺礼的感觉）；二是为女儿投资了一份基金定投，以长期坚持不间断的投入代表自己对女儿的长期陪伴。

时值2007年，恰逢一轮牛市的高点，定投后遇到市场大跌，他的定投也出现较大亏损，但他没有暂停，继续定投，甚至加倍定投，投资在接下来的5年多时间里都基本处于亏损状态。就这样进入2015年，随着股市飙升，由于前期积累了大量低成本筹码，他的定投收益也一路飙升。到2015年6月他获利止盈，累计定投近8年，投入本金38万元，斩获收益32万元，年化投资收益率超过10%，可算十分可观。更令人敬佩的是，他没有就此骄傲得意，反而理智冷静地观察市场，在股市走出暴跌暴涨的疯狂期之后又重新开始了新的分批定投。

在这次定投的过程中，这位行长坚持了定投“止盈不止损”的核心原则，看到了潜藏在定投中的时间价值，就如同经年的茅台酒一样，历久弥香。

基金定投，确实堪称时间的朋友。若知进退，必当终富！

二、读书、跑步与定投

图 1-8 《读书、跑步与定投》海报图一

这是我于 2017 年 3 月参加成都—都江堰双遗马拉松赛（Chengdu WNCH Marathon）临近终点时的一张照片，衣服上“读书‘跑步’定投”六个字是我特意印制的。其实我是个不怎么擅长跑步的人，在 2016 年 9 月之前，还很难把我与跑步联系在一起，更别说马拉松了。直到身边有些曾经一起徒步过的朋友爱上了跑步，便一直“怂恿”我也加入跑步行列，但我始终没有答应。在潜意识里，我往往宁肯走几十千米山路，也不愿意

跑上一跑。但后来，一次机缘巧合之下，我参加了 2016 年 10 月湖南常德柳叶湖的首届国际马拉松赛，当时只报名参加了 5 千米的迷你跑，也没什么思想压力，纯粹是去“打酱油”凑热闹，结果一路下来，我竟然跑完了 15 千米，顿时信心倍增。后来紧接着，我就报名参加了 2016 年 12 月的深圳国际马拉松赛，用时 2 小时 23 分完成了自己人生的首次“半马”。

在这次深马的参赛服上，我为自己印制了读书、跑步、定投六个字。这六个字，来源于我曾在某微信公众号上看到过的一篇很喜欢的文章——《让我们从今天起，每天坚持读书跑步定投》。事实上，经过长期的定投宣讲和不断的自我感悟，我已经把读书、跑步、定投作为自己笃信的理念去坚守和弘扬。

读书，就是学习。现在的科技变化日新月异，知识迭代也在不断加速，我们已经身处一个终生学习的时代。我们常说“学无止境”，在时间越来越碎片化的今天，终身学习、跨界学习，已经成为我们的必然选择。比如从这两年兴起的“罗辑思维”和“得到”APP 中，我就学到了很多前沿的理念和知识。特别是“得到”APP 上的一个订阅专栏，对我触动很深，这就是吴军老师的“硅谷来信”。吴军老师曾经分别担任腾讯和谷歌的副总裁，是清华大学的本科生和研究生，以及美国约翰霍普金斯大学的计算机博士，著有《文明之光》《数学之美》和《浪潮之巅》等书。他在专业领域有很高的成就，同时又对生活充满浓厚的兴趣和热情，现在做投资人，投资了很多前沿的项目，每天会通过 APP 寄出一封电子版的音频和文字来信，分享他对很多事物的观点和思考方法，涉及投资、艺术和教育等多项领域，内容非常广泛。这些宝贵的经验和观点可以帮助我重构自己对事物分析的全新视角，提升视野和格局。

跑步，就是锻炼。跑步给我带来了快乐，也锻炼了我的身体和意志，还给我创造了无数机会，结识了很多热爱生活的朋友。继 2016 年 10 月常德和 12 月深圳马拉松以来，2017 年，我又完成了东莞森林跑和成都双遗两个“半马”，以及兰州的“全马”，之后又相继中签了长沙、广州和厦门几个中签率很低的金牌赛事。2018 年 1 月，我参加了香港渣打马拉松赛，我希望自己能坚持一路跑下去。当然，马拉松并不一定适合所有人，锻炼也有很多种方式。只要是自己喜欢且能够坚持的运动方式就好，比如游泳，比如跳舞，比如打球……真正的关键在于坚持。让自己有更强健的体魄和更好的生活状态，眼神中充满活力，这才是真正的目的。

定投，就是一种好的理财方式。说了那么多关于读书和跑步的话题，与定投有什么关系呢？其实这三者有一个最大的共性，就是贵在坚持，并且都是通过一点一滴的积累，实现量变到质变的转化。马拉松虽然有 42.195 千米，但也需要一步步的累积；每天一点的学习，叠加在一起也会带来很大的提升；定投最大的特点就是分散化投资，分散化坚持，通过天天月月年年的日积月累，最终为自己和家人带来更多的财富，提升生活的自由度和幸福感。相对于自己炒股或一次性大额买基金等投资方式而言，基金定投以其平缓的特质，可以给我们更平和的心态，不用操心看盘，不用择时选股，从而有更多时间去读书、锻炼，这多好。

图 1-9　《读书、跑步与定投》海报图二

基金定投是时间的朋友，让我们从现在开始，坚持读书、跑步、定投，一起做时间的朋友，静待时间的玫瑰绽放出美丽的花朵！

Tips:

1. 读书，就是学习，成为终身学习者，感受成长的快乐；

2. 跑步，就是锻炼，锻炼身体和意志，充满精气神去快乐生活；

3. 定投，就是用他律来完成自律的理财方式，用好的理财方式迎接富足、美满、幸福的人生。

我和基金定投的故事

林　洁，中国银行客户经理，CFA 持证人，巴蜀养基场金牌讲师。

我和基金定投的故事 / 林 洁

引言：

虽然每月扣款那天，看着动账短信，总会下意识地望望对门那家美美的裙装店，但我知道未来会有一笔不菲的资金在前方等着我。哪怕今天我并不能预知金额，但它一定足够让我满足一个小小的美丽梦想。一想到这个，就觉得人生真是值得期待啊！

2010 年，我有幸成为中国银行的一名理财经理。

刚刚经历过 2008 年的股灾和 2009 年的谷底漫步，正逢人人谈股色变谈基掩耳的时节。2008 年投资亏损的客户不时前来网点，抱怨连天。青涩的我诚惶诚恐地接待来访客户，内心深处最害怕面对的，就是基金亏损后客户满怀怨气的抱怨与质问。而更害怕的，是这些客户用期待的眼神灼灼望着我，幽怨地、急切地、愤怒地求告：“现在我应该怎么办？”

怎么办？我也不知道。

没有任何投资经验的我只不过刚考过 AFP，从书本上学了一些资产配置和分散风险的理论，虽然知道如何使用财务计算器和资金时间价值完成各种案例规划，但没有任何实战经验。翻遍教材，我也不知道基金亏损应该怎么办，没有理论教我如何应对基金亏损客户，更没有公式可以告诉我如何帮客户把基金亏损的钱补回来。

所幸，“内事不决问老公，外事不决问百度”。守着“万能的度娘”，那阵子我所有的闲暇时间基本都耗在了各大基金网上。晃荡数日，经如云高手指点，得了几幅药方（见图 1-10）。

图 1-10　基金投资的四幅药方

无论理解不理解，工作总是要完成的。于是照搬网上的理论，假装专业地开始与客户沟通。这一天，便接待了一名基金亏损客户。

这名年近中年的客户于 2008 年申购了一笔中国银行托管的万家 180 指数基金产品代码（519180），金额 50 万元。到 2010 年 9 月我接手该客户时，他的基金净值已经跌到只剩 30 多万元。

怎么办？

等待？似乎太消极，这得等到何年何月啊？总得做点什么才是。

加倍补仓？客户不答应。都跌成这样了，再补进去，继续下跌怎么办？

于是，黔驴技穷的我只剩下最后一招："试试大额定投如何？"

我给客户提出了每月定投 1 万元的建议。客户想了想，自己名下还投资了一笔理财产品，每月收益在 5 000 元左右，那么，就选择月定投 5 000 元吧。

选择什么产品呢？

万家 180？亏得太多，客户对它早已失去了信心。

那就换！

我们一起盯着晨星排名，看到当时基金定投的第一名是南方中证 500ETF 联接 A（产品代码：160119）。于是，我们选择了它（见图 1-11）。

客户自 2010 年 10 月起，开启了这场懵懵懂懂的定投之旅。

应该说，这段投资也并不算顺利。

客户刚开始定投的时候，基金净值在 1.2 左右。耐心投了一年，到 2011 年 11 月，净值跌到 0.8。

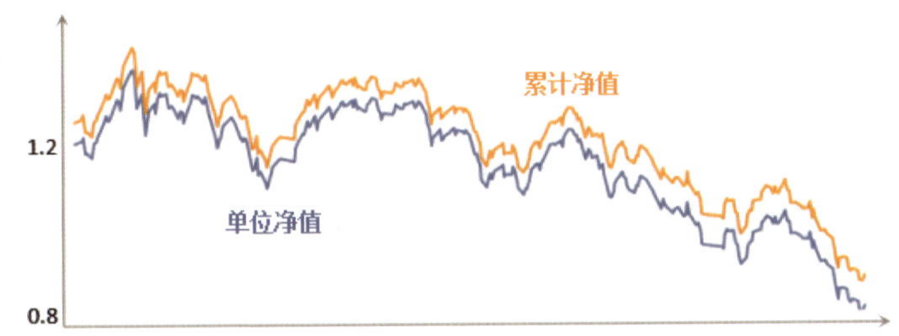

图 1-11　南方中证 500ETF 联接 A 净值走势图（2010 年 10 月—2011 年 11 月）

客户再次来找到我，不干了。定投 11 个月，投得越多，亏得也越多，累计投入 6.5 万元，别说收益，本金都只剩下不足 6 万元。

客户这次算是彻底死心了，对我说："我不怪你，但也不打算投了，就搁那里吧，只当没这笔钱，啥时候涨起来了，你给我打个电话。"

看着客户一脸失望地离开，我心里真不好受，怪股市总是跌跌不涨，也怪自己学艺不精。

回到家里左思右想，我怎么也想不明白，明明网上说大额定投是弥补基金亏损的有效手段，为什么用到现实中却成了这样的结果？

据说实践是检验真理的唯一标准。较真的我跟自己杠上了劲。客户不投，我自己投！大不了亏掉这两年的积蓄，我还非得看看定投这玩意儿到底怎么玩。

2012 年 1 月，我开始了自己的定投实践。

跟着网上的各种排名和分析，我为自己选择了两只基金产品，每只按月定投 100 元。

一只当然是南方中证 500ETF 联接 A（产品代码：160119）；另一只，我为自己选择了相对偏防守的易方达医疗保健行业混合型基金（产品代码：110023）。

就这样一直定投到 2014 年 6 月，两只产品都经历了漫长的盘整期。南方中证 500 的累计投资收益率不到 10%，平均年化 4.8% 左右，基本与个人理财产品持平。反而是那只以防守为主的易方达医疗保健总体表现还不错，为我赢得了 15% 的收益率。

于是，风险偏好程度明显偏低的我迅速卖出了易方达医疗保健，落袋为安。尽管一个月后，我就眼睁睁看着股市开启了大涨模式，但至今，我仍然相信，在当日看不清市场方向的时候，自己坚守纪律适时获利止盈还是正确的抉择。

再后来的故事，大家都知道了。

2014 年下半年，股市进入牛市行情，南方中证 500 的净值最高涨至 2.3。经验尚浅的我在 2015 年 3 月赎回了持有的全部南方中证 500 基金，此时，它的净值尚在 1.6 的水平。

至此，我的第一次基金定投尝试就这样在热热闹闹的牛市中告一段落。

初尝获利喜悦的我心平气和地看着股指继续攀升，知道没有人可以 100% 预测最高点。虽然我的谨慎让我错过了更多收益，但累计 40%（年化近 20%）的收益率已经让我非常欢喜了。

回头总结这段经历，我对基金定投开始有了真正切身的体会。

2012 年 1 月，我是与身边几位好友同时开始了定投体验，并相互约定坚持两年的。但是，到 2014 年 5 月我们相互联系时，才发现仅剩我一人在继续坚持。

他们中的大多数没有坚持到一年，只有一人坚持到 2013 年 6 月。

当基金越投越亏时，他们无一例外地果断出局，中止了定投计划。

我联系他们时，大家都在问好不容易回本了的基金是不是应该赎回。我建议他们继续投下去。但我们的建议没被采纳，所有人无一例外要求我赎回时通知他们。2015 年 2 月我电话通知他们，每个人都已经赎回了基金，收益都还不错，大致在 15%~20%，年化 5%~7%。有个朋友一直在密切关注行情，他 2014 年 11 月选择赎回，赚了 30%。

那这么说来，无论我们是否坚持，基金定投一定是赚的吗？未必！购买 50 万元基金的那个客户，在定投基金刚刚快涨回本时，便急忙赎回基金，在我劝说下，又焦急地等待了半个月，终于以 2% 左右的收益为这笔历时 5 年的投资划上了句号，相当于放了个 5 年的活期。这还不算惨，他那笔 50 万元的万家 180 基金，是亏损 3% 赎回的。据我所知，很有一些基金客户是亏损着赎回的。

故事讲到这里，大家发现，一只同样的基金同时进行定投，不同的人，收益居然有这么大的差异，原因何在？

差别有二：

昨天看了一篇文章，大意是说基金定投 2012 年便在业界被大力提倡，一直不算走红，最近才在网络上风行一世，如绝世美女，这么多年居然没有被发现。所以得出结论基金定投不是灵丹妙药，并非百试百灵，定投作用是强制储蓄而非投资云云。结论我是同意的，但总觉得文章有点隔靴搔痒没说到点子上。

说基金定投很早就提倡是没有错，我知道 2011 年、 2012 年的时候，很多银行不但就基金定投的好处对员工进行了大力培训，还把基金定投账户数作为一个重要考核指标。在大家的努力下，当年有一批客户进行了定投尝试，比如我和我的那好几个朋友。当年的定投既然是为完成任务，那么有许多是投向货币基金，小部分投向债券基金，还有一部分激进型的客户投向股票基金。

这些年有多少客户能坚持投下来呢？

投货币基金的，收益比定期高一点点，相当于存了个保险，还没保险功能强大，优势并不明显，渐渐也就忘记投了，就算坚持下来，收益也不吸引人。定投债券基金的稍微好点，收益比银行理财略强，但也没有大赞特赞之处。定投股票基金的，那几年基本处于投多久亏多久，偶尔小赚，也不尽如人意。整个定投家族，就没一个能拉得出来看得上眼的成员。投资者是看结果的，那几年定投哪里有半分绝色美女的范儿，活脱脱隔壁拖鼻涕的二丫头。

而这两年基金定投为什么走红呢？别忘记当年还有一小部分股基定投的客户，也许是他们比较懒，也许是他们投入比较小，也许真的是非常自律，坚持定投下来了。2015 年 5~6 月，在股市疯狂的暴涨下，突然想起以前定投的基金，一看，哇呀呀，翻倍的赚呀，每个月才几百元，怎么几年下来就几大万了。

我遇到过一个这样的客户，大概也是 2011 年帮朋友完成任务用工资卡做了定投，随便选择只基金，易方达中小盘混合基金，每月 500 元，一直投也没管它。2015 年 7 月来找我，我帮他查了一下，成本 2.4 万元，资产 5 万多元，他笑得合不拢嘴。再仔细一查，2017 年 5 月底时还 6 万元呢，所以客户选择了不赎回，见谁都说“定投是个好东西，投资风险小”。后来股市连续下跌，基民哀号声一片，这个客户再来查询，资产缩水到 4 万元，只赚 1.6 万元了，这时客户开始后悔没有早赎回了。羡煞一旁亏得没底的基民们，连一边做保本理财的老太太都急急打听基金定投到底是个啥，每个月几百块赚那么多。所以每次这位客户到网点，我的定投客户都会增加几户。

到这个时候，基金定投才露出她的倾城美貌。股票基金定投，市场没有太大波动的时候，根本看不出她的优势来，她的好，只有在暴风大浪中搏击过，才能体会。

废话说了那么多，关于基金定投我还是有那么一点点经验来分享，纯属个人经验。

基金定投，有强制储蓄的功能，但绝不仅仅是储蓄，个人认为它的投资功能大于储蓄。

我仍然认为，货币基金不适合定投，由于收益相对稳定，我们很难长时间坚持，也很难自律在缺钱时不动用它。货币基金是基金经理完成量化考核任务的神器，但对于真正的客户维护，意义不大。债券基金好一点，适合资金不大，风险承受能力有限而又希望能获得一些理财产品正收益的客户。债券基金风险较小，可以用于维护和配置保守型客户。股票基金，尤其是指数型基金更适合定投，一方面指数型基金的表现相对大盘来说更稳定，即便基金经理更换也影响不大，另一方面其波动比其他基金更敏感，在中国熊长牛短的市场下，优势明显，并且由于熊市周期性长，强制储蓄的效果更明显。缺点是在熊市期间，很难说服客户坚持投下去。好在，有我那位现在都还赚 70% 的客户做范例，有过去十多年的四次漂亮的微笑曲线为案例，美好的愿景容易让人信服，现在我的那几位朋友又重新开始定投，并发誓打死不看净值，直到下一次股市疯涨，哪怕 8 年抗战也决不动摇定投的决心，即便现在账户还是亏着的。

基金定投是懒人投资，天长地久的投入，但金额宜小不宜大。

当然这大小是因人而异，对我来说，每个月一千元不算大，但或许对刚工作的年轻人而言，可能会有点难坚持，而对我的一些客户来说，每个月几千几万块也是没什么感觉。总之，定投的金额应该在保持现有生活水平的基础上，稍稍注意下就能拿出来的额度，一旦有了压力，就很难坚持下来，更难保持超然的无畏涨跌的态度。

就算基金定投是懒人投资，也不能完全不管。

股票基金的定投，穿越牛熊才能获得超值的收益。可是熊市太长，牛市太短，漫长的等待容易消磨人的信心，我等懒人也很难判断啥时候的大涨是牛市的来临。个人经验是无论什么时候开始定投都可以，做一个三年以上的定投计划，然后坚持。直到有一天，所有的人都重新开始讨论股票，证券公司员工又开始忙着开户，我们便可以看看我们的基金到底赚了多少，设置一个获利点，比如50%，然后卖出这多赚的50%，用于奖励自己，或者换一种投资。

有客户问我，什么时候才是我关注我的定投是不是该赎回的时候？我回答，到那个时候，人人都会提醒你。

最关键，最重要，最困难的——自律。

没有严格自律，以上内容全是扯淡。小王今天信心满满定投，三个月后恋爱花销大增，于是暂停几个月，失恋后手中又有余款，重新再投，5个月后，觉得定投太多，减半，还是手头缺钱，不管净值多少先赎回一些应急，然后……就没有然后了，为他计算资金成本是个麻烦事，更麻烦的是，他根本就不能坚持投下去。定投不是活期账户，随进随出。

所有的成功都与严格自律有关，投资理财也一样。但是，这往往是最难得的一点在收入中定期定量挤出一小部分投入基金定投，并坚持不到万不得已不动用，这是我们需要帮客户做到的，但我们自己，真的能做到吗？这是一个知易行难的课题，我们和客户都是同学，一起努力吧。

最后，你问我定投了吗？当然，必须的！虽然每月扣款那天看着动账短信总是下意识地去看对门那家美美的裙装店，权当是这个月买了一条不合身的裙子吧。而未来，会有一笔资金在前方等我，我甚至不知道会有多少，但我知道一定够让我满足一个小小的美丽梦想，一想到这个，就觉得人生真是值得期待啊！

Tips:

认购和申购

客户在基金首次募集期内购买基金的行为，称之为认购；而在基金成立后购买基金的行为，则叫作申购。

认购期内购买的基金往往要经过一段时间的封闭期才能赎回，而申购的基金则在申购成功之后的第二个工作日就可以进行赎回。

扒开基金定投的外衣

贾　鹏，华宝基金华南区副总，公司首席讲师，巴蜀养基场发起人之一。全国“最美公募基金人”候选人，上海基金业“优质服务明星”。电子科技大学经济学学士，西南财经大学经济学硕士。14 年营销经验，10 年证券从业经验，8 年基金从业经验。

第二部分

JINJIEPIAN

引言：

一说起基金定投，很多朋友就会问：

定投有什么好啊？真能赚到钱吗？那我该投哪些产品啊？定投真的是理财万金油吗？

今天，我们就来扒开基金定投的外衣，仔细瞧一瞧。

扒开基金定投的外衣　贾　鹏

基金定投往往是股市的晴雨表。股市行情好，定投备受旁落；股市跌入冰点，定投备受追捧。在这里，我从不同的角度，来聊一聊我自己理解的定投是什么样子。

一、定投的优势

1. 强制储蓄

举一个发生在我身边的例子。

2015 年年初，我在余额宝存入了 5 000 元钱，到年底的时候，我想看看账户里赚了多少钱，结果打开账户吓了一大跳。

大家猜猜我的账户余额是多少？

5 100？

不对。

5 200？

也不对。

是零！

原来是我老婆给花光了。

我问她为什么要花光余额宝里的钱，她理直气壮地说：“有钱不用，你当我傻呀！”

说得好有道理，我竟然无法反驳！

痛定思痛，我终于明白一个道理。

要想把钱存下来，就是要把钱放在不容易取出来的地方。

比如买了基金定投，你要用钱的时候得先赎回，赎回了还要几个工作日才能到账，多麻烦啊。

一怕麻烦，你就不会轻易动它了，钱也就存下来了，这就是定投的强制储蓄功能。

2. 用户体验

大家都逛过超市。

对于超市的印象，往往是东西新鲜又多样，而且很多食品可以免费品尝。

俗话说，“吃人家的手短”。进去的时候可能我们没想要买东西，吃了各种试吃食品，出来反而拎着大包小包的商品，这就是试吃带来的购买效应。

定投其实就是基金的试吃品种，金额不大，感觉不错就多买点，即使短期亏一点也能够承受。

我在做客户交流的时候，通常会问那些没有炒股的朋友："觉得自己一辈子都肯定不会踏入股市的，请举手。"

结果没有一个人举手。

然后我就认真地告诉他们："同志们，等你们想明白准备进股市了，基本就是下一轮股市的顶点了，你们就是等着被割的韭菜。"

现在做基金定投，就是用小金额体验投资，体验市场。当我们对市场有一定的认知了，才不至于在下一波股市的顶峰全仓杀入。

3. 纪律约束（简易的量化投资模型）

有一个期货界的传奇人物，名叫刘强。他用近 20 年时间，从白手起家到身家千万，自创多点共振操盘系统，曾创下在一年中资金账户增长约 20 倍的辉煌纪录，写过一本《期货大作手风云录》，现在网上都可以买到。

就是这样一个风云人物，在 2015 年下半年股灾时，从北京华贸中心酒店顶楼平台纵身一跃，了却了自己的一生，让人唏嘘。

为什么会出现这样的结局？因为他在那波大跌中高位满仓，做多股指期货，结果损失惨重。刘强在其博文中称，此次股灾颠覆了他的很多投资原则，让他感到无所适从，甚至多次怀疑自己是否还适合这个市场。

其实不仅仅是刘强，就是大名鼎鼎的经济学家凯恩斯，炒股都曾经亏掉了 2/3 的资产。

所以我们不难发现，即使是专业人士，都很难长期准确地预测市场。要真正长久地战胜市场，唯一的法宝是靠纪律约束，而定投，就是严格遵守投资纪律的典范。

目前在华尔街，利用均线技术指标已经赚不到钱了，因为连小学生都会用这些指标。当一个东西大家都明白的时候，盈利空间就会自然消失。

美国目前最流行的是量化投资模型，通过电脑战胜人脑，现在电脑程序AlphaGo都已经战胜韩国高手李世石了。而基金定投其实就相当于一种最简易的量化投资模型，符合目前最先进的投资理念，通过纪律约束战胜人性追涨杀跌的弱点。

4. 改变心态

让我们再来举个例子。

假如你买彩票中了100万元，准备投入股市，有两种方法。

一种是在今天将100万元全部买进股票。

买入之后，你希望明天怎样？

当然是涨停！

后天呢？

最好也涨停！恨不得天天涨停！

可是我们也都知道，中国股市牛短熊长的特征十分明显，大量的交易时间市场都处于不断下挫的状态，上涨往往就那么短短的几个月。

那么，你觉得天天涨停的概率有多大？

如果采用这种投资方式，你自然每天过得愁云惨雾，悲惨万分。

那么，换一种投资方式呢？

我们把100万元均等分成100份，每周向股市投入1份，也就是1万元。

现在，你希望明天怎样？

当然最好是跌停！

后天最好也跌停！

每天最好都跌停！

为什么？

因为在下一次扣款的时候，你就可以用更便宜的价格买到更多的筹码了！

所以，我们现在知道了，定投能够改变人的投资心态，让人在熊市里也能过得平静自然。

另外，你要牢牢记住，当你的定投开始亏钱的时候，你就应该感到开心了，因为同样的金额你可以买到更多的份额了。

二、定投盈利的秘密所在

1. 倒三角和正三角投资

其实大部分人的投资习惯，用两个三角形就可以解释了。

通常我们投资有两种模式。一种是顶部大、底部小的倒三角投资，倒三角投资是典型的追涨杀跌。另一种是底部大，顶部小的正三角投资，正三角投资是典型的逢低吸纳（见图 1-12）。

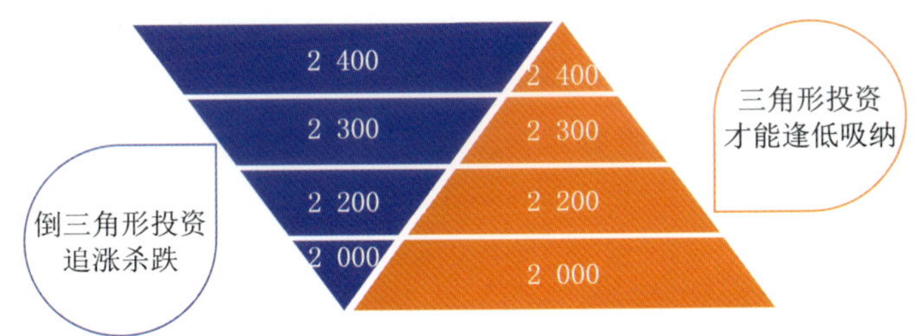

图 1-12　投资的必赔模式 VS 必赢模式

我们能够理解，倒三角投资容易亏钱，正三角投资容易赚钱。而在下跌行情中做定投，就是一种典型的正三角投资，跌得越多，买得越多，底部越大，成本越低，盈利的空间就更大。

2. 微笑曲线的中位数和平均成本线

微笑曲线是定投的经典曲线之一，是指股市从下跌再到上涨的过程，图形好似一个微笑的嘴型，所以叫微笑曲线。

今天我们就通过微笑曲线给大家讲讲定投盈利的秘密所在（见图1-13）。

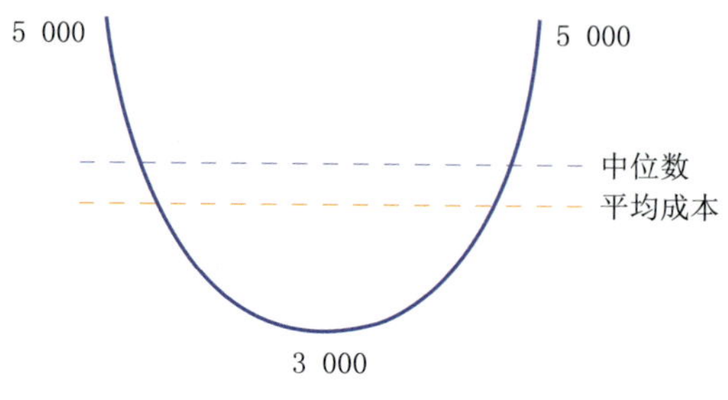

图 1-13　基金定投微笑曲线

如图所示，假设股市的顶部是 5 000 点，底部是 3 000 点，那么中位数就是 4 000 点。

在正态分布的微笑曲线过程中做基金定投，我们投资的平均成本线在哪里呢？经过测算，定投的平均成本线是低于 4 000 点的。而如果我们选择一只表现在前 1/3 位的股票基金，是可以做到在 3 400 点甚至 3 300 点就开始盈利的。

三、定投到底应该投什么产品？

回答这个问题之前，我们先要弄清楚定投的基本原理。

1. 定投是利用波动赚钱的一种方式。

基金定投是利用股市的向下波动积累便宜筹码，再利用向上波动来获利的。因此，只有波动才能带来收益，而波动越大，定投在下跌的时候就会买得更便宜，上涨的时候赚得更多。从本质上讲，定投适合波动较大的偏股型基金，而且最好是高仓位运行的偏股型基金。

那么，是不是货币基金和债券基金就一定不能做定投呢？

也不是。如果你把强制储蓄作为定投的主要目的，是可以考虑货币基金和债券基金的。

2. 波动分向下和向上两种趋势。

我们说基金定投是通过波动来赚钱的，但不见得所有的波动都是好波动。向上的波动才能赚钱，向下的波动是可能让你赔钱的。展望未来中国股市，哪些品种是波动向上的呢？一定是符合国家政策，符合转型预期，未来空间更广阔的行业。这些以高科技、新技术、新能源和新材料产业为主的新兴产业更多地集中在中小板和创业板中，也就是我们通常所说的成长股。如果从长远的趋势考虑，个人认为优质的成长股基金更适合做基金定投。

3. 做基金定投的前提假设是无法择时，也无法择股。

我们为什么要做定投？因为不知道什么时候买，什么时候卖，也不知道该买什么股票。既然我们已经决定了通过纪律来约束人性，那在基金的选择上，也要选择更为稳妥的基金品种。我个人认为，选择宽基数、宽行业、偏成长的指数基金是风险最小的一种定投方式，可以帮助你获得超越市场平均水平的收益，同时不至于踩上黑天鹅。比如宽基中小盘指数中证500，宽基小盘股指数中证 1000 等。

四、定投真的是理财万金油吗？

我们讲了基金定投的种种好处，但也要辩证地看到，其实基金定投也不见得适合所有的市场走势。

为了更形象地说明这一点，我定义了定投的歪嘴曲线和哭泣曲线。

1. 定投的歪嘴曲线

在单边上涨的市场中，比如大盘指数从 3 000 点涨到 5 000 点，如果我们在 3 000 点一笔买进，在 5 000 点整体卖出，则可以赚到 67% 的利润。而如果换作定投逐步买入，则大概只能赚到 25%，比单笔买入少赚了一倍不止（见图 1-14）。

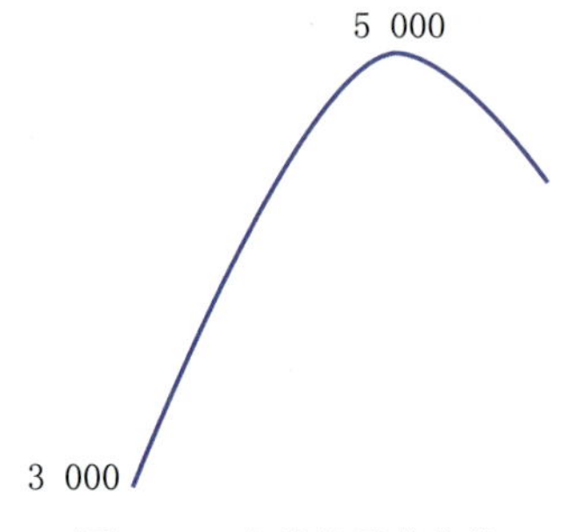

图 1-14　定投的歪嘴曲线

2. 定投的哭泣曲线

定投除了微笑曲线，还有哭泣曲线呢。

哭泣曲线是指股市从涨到跌这样一个过程。比如大盘指数同样从 3 000 点涨到 5 000 点，然后再跌回到 3 000 点，单笔买入是不赚不赔的。而做基金定投则会使平均成本远远高于 3 000 点，反而亏钱（见图 1-15）。

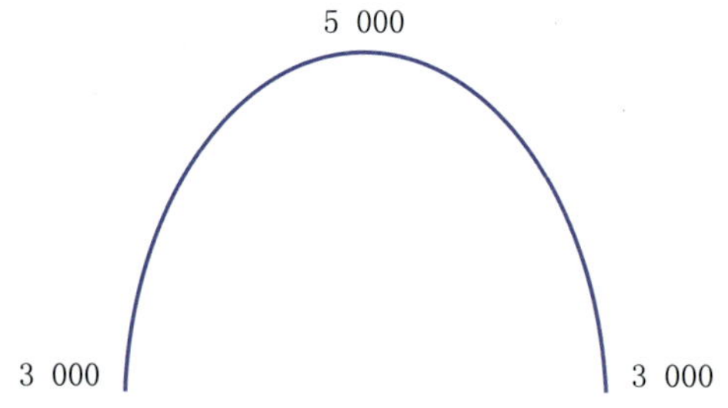

图 1-15　定投的哭泣曲线

3. 长期定投一定赚钱吗?

基金定投作为一种投资方式，解决了买入时点的问题，但很难解决卖出时点的问题。一旦卖得不好，定投照样赚不到钱。

例如，截至 2009 年 2 月 28 日，定投标普 500 指数 10 年，亏损

43%，定投日经 225 指数 30 年，亏损 31.38%。为什么定投会亏钱？因为退出时点不好。

应该怎样合理地选择定投退出时点？我这里有两个办法供大家参考。

一种方法是设置止盈线，止盈线根据个人的偏好决定。比如止盈线是 20%，那么定投盈利一旦达到 20% 就坚决退出。

可是有人就说了，如果赎回了市场还继续涨怎么办？我岂不是少赚了？

那就采用我的第二个办法——技术性熊市两段法。

市场上公认的牛转熊的标志是什么？

大盘指数单边跌幅达到 20%。

当一轮牛市中大盘单边跌幅达到 10% 时，我建议定投赎回一半。因为从趋势而言，此时大盘下跌的概率比上涨更大，我们需要踩一脚刹车，减少可能出现的更大损失。

当大盘单边跌幅达到 20%，坚决赎回剩余的定投份额，直接拔掉车钥匙，关车门走人，不玩了。

技术性熊市两段法能够让你的定投尽可能不错过牛市的高峰，又能在牛转熊的关键点位分批赎回，尽量减少损失。

以上就是我从不同角度扒开定投的外衣，为大家呈现出定投真实客观的本质。个人认为，目前正是利用股市下跌阶段积累定投筹码的好机会，希望大家能够把握住这个时机，为自己的投资生涯画上一道美妙的微笑曲线。

Tips:

定投的优势：强制储蓄 + 用户体验 + 纪律约束 + 改变心态。

定投盈利的秘密所在：正三角投资 + 微笑曲线。

定投产品选择：利用波动 + 力求稳妥。

不可忽视的关键：歪嘴曲线 + 哭泣曲线 + 合理选择退出时点。

从资产配置和左侧交易角度看基金定投意义

万　幸，鹏华基金华南营销中心渠道主管，巴蜀养基场发起人之一，第一财经和RFP中国中心评选2017年中国百佳理财师，北大光华MBA在读。

从资产配置和左侧交易角度看基金定投意义

万 幸

引言：

资产配置是个亘古不变的话题；左侧交易是投资高手赚取超额收益的神秘法宝。它们与基金定投有什么关系？

这篇文章是写给对基金定投已有充分理解、并有意选取定投作为资产配置方式之一从而达到赚取收益目的的理财师或投资者的。

笔者个人以为，基金定投最大的意义就在于它给予了我们普通投资者左侧参与市场机会的可能性。而资产配置的意义，则是规避大起大落的心跳，追求细水长流的淡定和闲庭信步的悠闲，即让我们在非常看好某个市场的时候，还能忍住不全仓杀入。基于每个人在人生经历、眼界思维等方面都无可避免会有诸多局限，我们往往最容易落入的陷进之一就是以偏概全。我们所看好的市场，未必真的好；我们所不看好的市场，也未必没有机会。

所以，即便我们非常看好基金定投这一金融工具在投资中的重要作用，但也不建议将 100% 的资金单一投入基金定投。

让我们先来分享本文的三个结论。

基金定投是资产配置中十分重要的一环。它起到了平滑的动态调整作用，即不要同时把鸡蛋放到篮子里，哪怕是不同篮子。因此，谈资产配置，必谈定投。

B

要发挥基金定投的有效作用，必须让基金定投在整体资产中的收益看得到、看得起。所以，虽然不建议所有资金单投基金定投，但也要把基金定投放到战略的高度去对待。具体而言，建议将家庭每年可自由支配资金的 20%~30% 通过定投方式进行配置。

关于基金定投开始时点和结束时点的选择，普遍意义上的指导做法是“开始时点不择时，随时可开始”，而结束时点则被称为“止盈不止损，设定止盈线”。

而进阶的建议是，如果我们对基金定投已经有了一定程度的了解，那么：

a. 开始及加大基金定投投入金额的时点应该与情绪面相反。在这一点上，商业银行或券商的专业理财师们会拥有非常直观的感受与先天优势。

b. 在结束时点的选择上，我们不应该拍脑袋做决定，而要回归到基金定投左侧交易的价值和意义的角度，将结束一份定投的时点放到牛市的“到来”（甚至牛市的“末尾”）时。如何判断牛市的“到来”与“末尾”呢？我们稍后进行详细分析。

待我们认清了基金定投的价值和意义，了解了基金定投的开始时点和结束时点应该如何决定，就可以在实际操作中有的放矢地进行实践了。那么，对于一线理财师而言，在平时的工作中引导客户自 10 元、100 元起开始尝试基金定投，其目的和意义又何在呢？

其实这是一条可能我们自己都没有深入思考过的营销策略。

通常情况下，把正确的理念告诉没有太多专业知识背景的普通客户，并说服客户认可它、接受它，这中间需要跨越一条巨大的鸿沟。我在《来，干一场轰轰烈烈的定投运动战》（见本书《营销篇》）里也会提及，“知”和“行”之间有一条巨大的鸿沟，“知道”和“做到”属于截然不同的两个层面。

因此，对于理财师而言，引导客户体验“试吃品种”无异于是一种极为有效的、在达到推广目的同时增强客户黏性的小工具。等客户对基金定投这种投资方式有一定的了解和信任之后，再通过科学合理的分析，建议客户将基金定投上升到战略层面，加大比例长期固定投资下去。当然，这是针对新客户而言，如果客户已经具备足够的相关金融知识，就不必再“曲径通幽”“曲线救国”了。

那么，下面，让我们围绕前面的结论，来一一展开分析。

一、定投与资产配置

资产配置是个亘古不变的话题，也是一个很容易知行不一的话题。最近我在不同时间、不同场合，接受银行、券商及企业的邀请做了几十场关于资产配置的讲座，也将讲座的内容充实成了六堂主课，从逻辑到实践、从甄别理财师到回归资产和策略发现产品的本质等方面，系统分析了资产配置如何知行合一的话题。其中，非常重要的一点是，我们应该认识到，如果应用好资产配置手段，也能为投资带来不错的回报。比如，倘若获得10% 的平均年化收益率，300 万元就可以在三年里变成 399 万元，100 万元就可以在三十年后变成 1 745 万元。

所以，长期保持稳定的相对较高收益率，是一件很有价值的事情。

目前商业银行理财产品尚未从真正意义上打破刚性兑付。在这样的市场环境下，主流商业银行封闭式个人理财产品的预期收益率基本可以保持4%~5% 的水平，货币基金的预期收益率也基本可以达到 3%~4%。鉴于这两类产品的风险收益特征，我们可以试着将这样的预期收益水平视作无风险收益率。如果一线理财师们能够通过一些策略，帮助客户在有效控制风险水平的前提下，将其投资的整体预期收益率从 3%~5% 提高到 10% 左右，并长期稳定下来，那么这份理财规划的价值就是巨大的。能持续做到这一点的理财师所需要的专业能力、沟通能力、谈判能力是不断精进的，而这样的理财师自然无须面对被淘汰的压力，而更可能在极化的新环境中脱颖而出。

表 1-5　资产配置中的比例安排

投资比例	30%+10%	20%	50%	0	=110%
投资类型	固定收益类	基金定投	权益类	另类	
预期收益率	5%	15%	15%	0	
整体预期收益率	12.5%				

上表是我本人在资产配置中所使用的比例安排。其中，权益类投资的预期收益率来自官方披露数据[1]。而专门将基金定投作为一个独立投资类型拿出来讲，则是因为基金定投在资产配置中的双重作用：一是在资金安排上，鉴于定期定额分批投入的投资方式，期初即便准备 20% 的资金比例进行投资，实际上平均会有一半（即 10%）的资金是可以用做流动性管理（固收类资产）投资的；另一个方面则是之前提到的基金定投在资产配置中的动态调整作用，如此在实际资金安排上就会有超出 100% 比例的情况出现，而基金定投最终的绝对预期收益率则是按实际期末投资总额来测算的，如此，整体预期收益率就有望达到更高的水平。

二、基金定投与左侧交易

所谓左侧交易，是指在市场趋势尚未形成或即将形成的前期就介入，

1 [2017 年 8 月，中国证券投资基金业协会党委书记、会长洪磊表示："国内的开放式基金从成立以来，偏股型基金年化收益率平均为 16.18%，债券型基金年化收益率平均为 7.64%"。]

提前布局和埋伏。此时市场还处于下跌的态势当中，所以左侧交易又叫逆向投资，是需要非常强的定力和判断力才能实现的。这也是投资高手赚取超额收益常常采用的一种方式，应用这种方式可以实现普遍意义上所说的高抛低吸。

但普通投资者在实际操作过程中，是很难实现左侧交易策略的。一方面源于人性的弱点，也就是个人定力不足，难以长期稳定地保持绝对理性状态；另外一方面则是不够笃信判断的逻辑，在下跌和亏损面前无可避免地生出焦虑与恐慌。由此，基金定投的价值就凸现出来：这一投资工具通过严格的纪律，帮助（强制）普通投资者做到“高抛低吸”——即高时定投的份额下降，低时定投的份额增加。明白了这一最大的优势，再加以放大，就可以将基金定投的功能发挥到最大化。

下图较好地展示了“低的起点”和“√型上扬”，即选择一个不是很高的时点开始基金定投（比如大盘处于3300多点时），再根据“止盈不止跌”的原理，在市场出现趋势性上涨但并上涨到末端、整体投资的终点要远高于起点时，终止你的定投（见图1-16）。

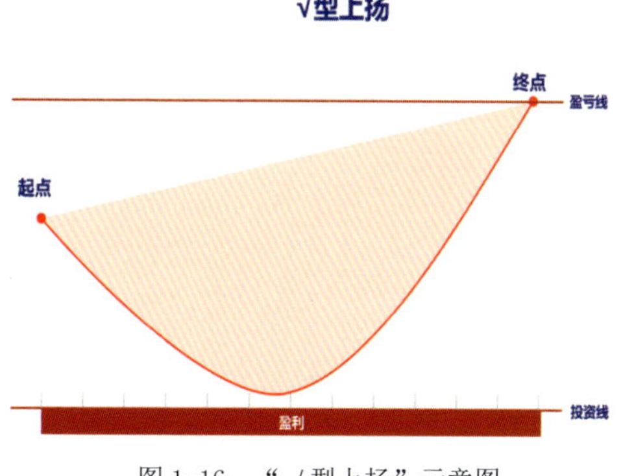

图1-16 “√型上扬”示意图

这样做的好处是真正地做好了打定投持久战的准备。因为目前来看，牛市的到来可能还需要几年时间，通过这样的方式，我们可以让自己不急不躁，保持良好的心态。此外，也真正推翻了“结束一份定投的时点选择是按照预定收益率来进行”的逻辑，因为所谓“根据风险偏好设定 10% 或 15% 的预期收益率”多半都是拍脑袋出来的，和市场不相关，没有太多参考价值。最后，只有这样做，才是真正将基金定投的价值发挥到极致，实现基金定投收益最大化的有效方式。

问题一：如何判断牛市末尾并作为终结一份基金定投的标志？

当市场出现趋势性上涨，参与的投资者越来越多时，我们知道应该是进入了普遍意义的牛市。

而如何判断牛市末尾呢？

这里就需要用到技术性熊市的指标。

技术性熊市是指倘若股指从最近的高点下跌超过 20%，我们就可以从技术上确立熊市成立。

技术性熊市是市场在持续上涨之后出现的一个回潮。我们无法预判市场何时见顶，但市场从最高点往下回落的过程我们是可以清晰感知的，所以终结一份基金定投的时点可以放在技术性熊市出现的时刻，即市场从最高点下跌 20% 时，果断出局。

这样做，虽然错过了牛市最高点，但却可以保证我们吃到甘蔗最甜的那一节，最终的绝对收益和收益率也会是异常惊人的。

2

问题二：利用该种方式能实现的绝对收益和收益率究竟有多少？

为了切实地验证这套理论，我以自己进入基金行业的时间（2012年3月）作为起点，启动了一笔定投投资。其间，我以大家日常定投最习惯使用的指数之一——中证500指数作为参照，任意选择鹏华中证500指数基金（产品代码：160616）作为投资标的（现在我们回头审查历史数据，会发现这只产品并不是在这期间表现最好的产品）。便捷起见，我选择了每月定投1万元、按月扣款（即每月扣款一次）的方式，以2015年牛市到技术性熊市（即大盘从最高点5178点下跌20%，达到2015年6月26日的4143点）作为结束出局的时点，最终累计投资40个月，也就是三年多的时间，累计投入本金40万元，期末资产变成109.45万元，总体收益率173.62%。相较于一次性投资方式（即期初投入40万）而言，利用基金定投的方式相当于等期等额进行支付，真实收益率其实是倍增的347.24%，如此计算，年化收益率达到了45.27%。

所以我认为，如果大家简单地认为基金定投只是一种为自己赚取烟酒钱和零花钱的投资方式，可能是对基金定投最大的浪费和误读。希望这篇进阶文章能让所有对基金定投感兴趣、想进一步理解基金定投的理财师和投资者们有所收获。

Tips:

基金定投最大的意义就在于它给予了我们普通投资者左侧参与市场机会的可能性。而资产配置的意义，则是规避大起大落的心跳，追求细水长流的淡定和闲庭信步的悠闲。

表 1-6　每个月后的 1 个、2 个、3 个和 6 个月后的收益对比表

每个月后的 1 个、2 个、3 个和 6 个月后的收益								
	30 天之后	排名	60 天之后	排名	90 天之后	排名	6 个月之后	排名
1 月	0.3%	9	1.3%	6	2.4%	5	1.8%	10
2 月	1.0%	5	2.1%	4	1.7%	6	2.2%	8
3 月	1.1%	4	0.8%	8	0.7%	10	1.8%	10
4 月	−0.3%	11	−1.0%	12	−0.3%	12	1.1%	12
5 月	−0.8%	12	−0.1%	11	0.4%	11	2.2%	8
6 月	0.8%	8	1.2%	7	1.4%	8	4.4%	6
7 月	−0.4%	8	0.6%	8	1.0%	9	5.3%	3
8 月	0.2%	10	0.8%	10	1.8%	7	5.3%	3
9 月	0.5%	7	1.8%	5	2.8%	4	6.3%	2
10 月	1.2%	2	2.4%	2	4.2%	1	7.2%	1
11 月	1.2%	2	3.0%	1	3.6%	2	5.0%	5
12 月	1.8%	1	2.3%	3	3.4%	3	2.9%	7
	平均 0.5%		平均 1.2%		平均 1.9%		平均 3.7%	

一般来说，在任何月份买进标准普尔指数持有 6 个月后的平均涨幅是 3.7%。因此基本上 1949—1975 年，10 月买进股票的收益，大约是市场月度平均收益的 2 倍（见表 1-6）。

用深综指 2000 年以来数据来测试如下图。假设是在 10 月的 15 号左右的交易日买进深综指 (产品代码：399106)，在 4 月的 15 号左右的交易日卖出，自 2000 年以来这种方式投资深综指其平均年化收益率为 15.6%。投资人只从事 6 个月的交易活动的表现跟全年投资的策略一样好。这个方法的相反策略是在 4 月的 15 号左右的交易日买进深综指 (产品代码：399106)，在 10 月的 15 号左右的交易日卖出。这种策略 2000 年以来平均收益率却只有 2.5%（见表 1-7）。

表 1-7　各年份“4 月卖出、10 月买入”与“4 月买入、10 月卖出”的收益对比表

年份	4 月卖出、10 月买入	4 月买入、10 月卖出
2000	25.1%	10.7%
2001	5.5%	−23.5%
2002	−3.0%	−5.5%
2003	0.6%	−11.4%
2004	18.1%	−21.0%
2005	−10.9%	−6.0%
2006	23.7%	27.6%
2007	116.0%	64.5%
2008	−28.0%	−53.4%
2009	56.8%	27.6%
2010	14.8%	7.3%
2011	3.5%	−17.6%
2012	−11.1%	−10.1%
2013	5.9%	17.0%
2014	3.0%	27.4%
2015	58.5%	−4.8%
2016	5.6%	12.2%
2017	−3.0%	4.8%
累计收益	281.0%	45.8%
平均收益	15.6%	2.5%

类似地，我们观察了 A 股近 17 年来的历史数据，从中发现了同样明显的波动效应：市场更趋向于在每年秋季——也就是 10 月左右见到低点，然后渐次展开上涨行情，到达来年春季——4 月前后产生高点（见图 1-17）。由此，我们总结出一套行之有效的投资规律。

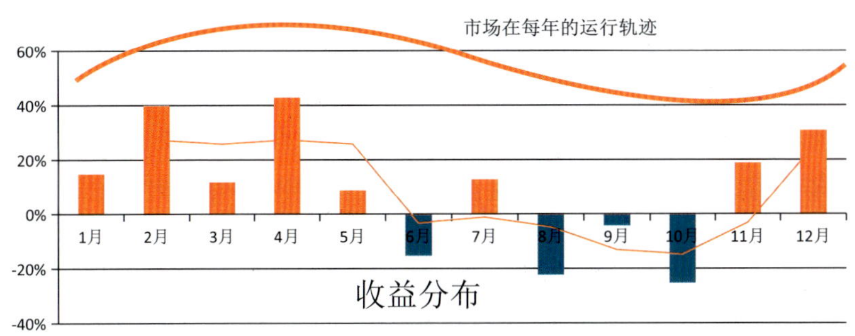

图 1-17　市场在每年的运行轨迹图

“秋播春收”，每年做两季：规律运用，在每年 10 月左右进入股市，第二年 4 月左右卖出离场，是日历效应的一种，效应对应的股市谚语有多种。其中如：“5 月卖出”“Sell in May and go away”等。

若坚持“秋播春收”的投资方法，自 2000 年以来投资 1 元到 2017 年 4 月 14 号时卖出累计回报为 7.63 元，近 663% 累计收益，年化收益率 12.7%。下表表示各年份开始投资 1 元截止到 2017 年 4 月的收益。

表 1-8　自 2000 年以来的平均年化收益表

自 2000 年以来的平均年化收益																
年份	2000年	2001年	2002年	2003年	2004年	2005年	2006年	2007年	2008年	2009年	2010年	2011年	2012年	2013年	2014年	2015年
收益	7.63	6.10	5.79	5.97	5.93	5.02	5.64	4.56	2.11	2.93	1.87	1.63	1.57	1.77	1.67	1.62
年化	12.7%	11.2%	11.6%	12.6%	13.6%	13.2%	15.5%	14.8%	7.7%	12.7%	8.1%	7.2%	7.8%	12.1%	13.7%	17.5%

自 2000 年以来坚持这种投资方法，平均收益最高是 2006 年开始的投资年均收益为 15.5%。即使 2008 年开始投资，到 2017 年的年化收益仍有 7.7%（见表 1-8）。

波动之二：十年之中段大机会

再来看一下稍长时间，股市 10 年性周期在长期的表现形式。下图是美国道琼斯指数1921—1970年每个10年的走势图，可以发现基本上市场的收益主要来自于每个10年周期的下半部分，即尾数从“5”到“9”的那几年(比如1995年到1999年)。这和一年性周期中主要收益来自11月到次年4月很相似，也就是说收益主要来自周期中一半的时间。在尾数为“9”的那一年年底，或者在尾数为“0”的那一年年初，市场往往会下跌，直到尾数为“2”的那一年中期。接着是温和的反弹，一直持续到尾数为“3”和“4”的那两年，这一次反弹通常会抵消掉“0”到“2”年的那一次下跌。此后，市场会强劲加速上升，所有的净收益主要由尾数为“5”到“9”的那几年产生（见图1-18）。

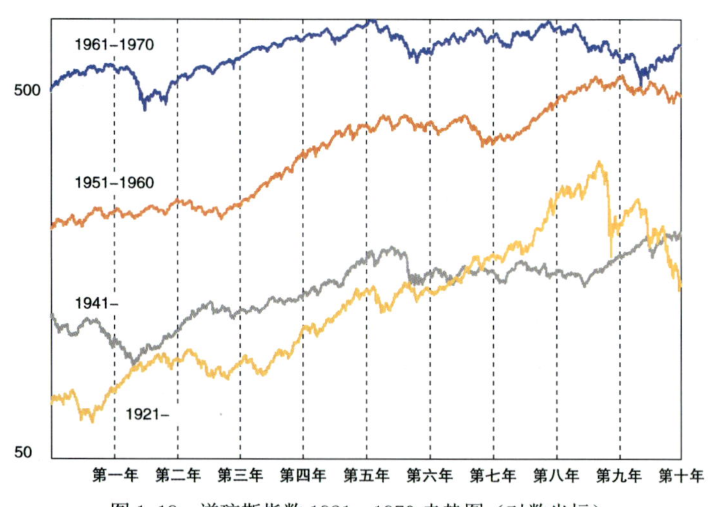

图1-18 道琼斯指数1921—1970走势图（对数坐标）

如果你对股市了解不多，那么较为简单的买入股票的时机就是每个10年期中尾数为“2”的那一年中期（6月底），然后你可以期望在尾数为“5”到“9”的那几年中得到最大的收益。到了第9年结束的时候，你应该把所有股票都卖出，等到下一个尾数为“2”那一年时，再买回来。尾数为“7”的那一年年底也有很大可能发生一次大调整，比如1987年、1977

年、1947 年、1937 年、1917 年和 1907 年都发生过。这在 20 世纪的 10 次 10 年期中整整占了 6 次。因此，每逢尾数为“7”的那一年，你在 8 月到 10 月离开市场，接着就一直持有到尾数为“9”的那一年结束，长期下来会有不错的回报。

国内股市虽然只有约 3 个 10 年的周期，也有较为明显的类似波动特征。

波动之三：市场涨跌轮回，牛市 2.5 年，熊市 2 年

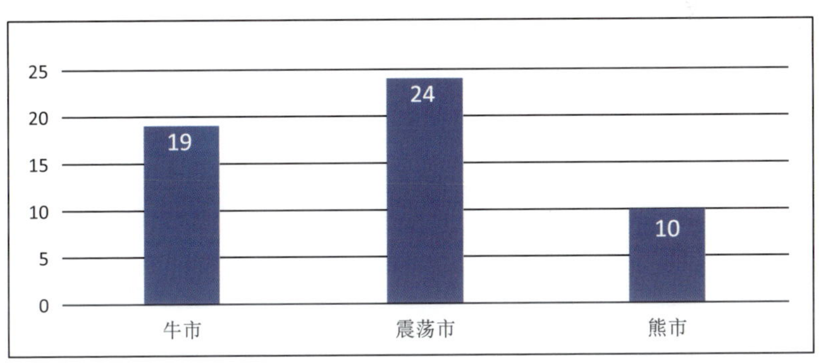

图 1-19　1991 年以来 A 股牛市、熊市、震荡市平均持续时间（月）

如果把市场分为三种状态；牛市单边上涨，表现为不仅指数上涨还伴随着增量资金入场。熊市单边下跌，表现为不仅指数下跌还伴随着资金流出；震荡市区间波动，表现为指数区间波动存量资金博弈。1990 年上海证券交易所成立以来，A 股共经历 5 次牛熊震荡。牛市一般持续 10~30 个月，平均 19 个月；熊市一般持续 7~12 个月，平均 10 个月；震荡市一般持续 15~30 个月、平均 24 个月，期间指数振幅 30%~40%。牛市、熊市、震荡市在时间上占比分别为 38%、19%、 43%（见图 1-19）。

以上证指数为例，2000 年以来的两次大牛市。2005 年 6 月 6 日 998 点涨至 2007 年 10 月 16 日 6 124 点是 27 个月。第二次比较大的牛市是 2013 年 6 月 25 日 1 849 点涨至 2015 年 6 月 12 号 5 178 点，历时 24 个月，

如果以深综指低点 2012 年 12 月 4 日算起是 30 个月（两年半时间）。现实是很多投资者是在牛市的最后半年才进场，如 2007 年上半年、2015 年上半年都是牛市中后段投资者大量进场。造成进入成本很高，遇到市场调整很容易产生亏损。

以上证指数为例，2000 年以来的多次单边下跌有 5 次，时间大多在 10 个月左右，其他时间多是横盘震荡市。

很多投资者由于追涨杀跌的投资特征，在市场低位观望，在牛市后半段大规模进入市场。造成错过了牛市，但经历了完整熊市的现实。不少投资者没有享受到牛市的收益，而忍受着熊市的煎熬。最不幸的投资者是在牛市的后半段进入市场，而在熊市的尾段因不堪承受亏损而割肉离场。以上造成投资者对熊市感观深刻。

下面谈谈如何改善投资体验，结合上面的三个不同时间下的市场特征，利用定投获得更好的收益。

利用波动之一：秋播春收特点，对于小额定投，在每年的春季 4 月前后，赎回上一年定投的份额，定投不停止，继续进行。对赎回上上年的份额采取 2 种方式：①将赎回资金分成 6 期，分批定投至 10 月，然后等待到下上年的 4 月赎回，这样反复坚持做，效果明显；②将赎回资金做半年低风险的理财产品，在 10 月到期后一次性买入，等待到下一年 4 月赎回。

利用波动之二：十年中段大机会的特点，在逢尾数 2 的年份开始定投，至尾数为 7 的年份末停止，退出市场，等待下一个 10 年的尾数为 2 的年份再开始定投。

利用波动之三：坚持的时间，市场涨跌轮回——牛市 2.5 年，熊市 2 年的特点。考虑到多数投资者都是在牛市后期进入市场，开始做定投，要获得较好收益则至少需要坚持 5 年（牛市尾声 0.5 年 + 熊市 2 年 + 下一轮牛市 2.5 年 =5 年）。这是大多数高点进入市场的投资者在日后获得收益所需的时间。如果能在市场低迷期增加定投投资，回本时间将大幅提前。

四、定投止盈目标：定投年数 ×4% 或个人合理心理预期收益水平为第一目标，考虑风险因素再乘以 2 为进阶目标。比如，已经定投了 2 年，则止盈第一目标是收益达到 8% 才考虑止盈，理想状态收益应该达到 16% 后才考虑止盈。如已经定投了 5 年，则止盈第一目标是收益达到 20% 才考虑止盈，理想状态收益应该达到 40% 后才考虑止盈。

Tips:

通过对历年市场运行轨迹的观测，我们发现了一系列涨跌轮回的波动规律，在此基础上开展“秋播春收”式的规律投资，或许有机会带给我们更多投资信心。

基金定投发生亏损怎么办

秦　岩，嘉实基金高级渠道经理、高级培训师，巴蜀养基场金牌讲师，西南财经大学硕士。

基金定投发生亏损怎么办

秦 岩

2015 年股市剧烈波动以来关注定投的客户越来越多，重视定投业务的银行内部各个层级的分支行也越来越多。各家银行定投业务开展的效果不尽相同，客户做定投的收益也不尽相同，但每逢市场走弱，客户经理就抱怨，客户又停扣了，定投好难推啊，等等。

● 基金定投发生亏损，怎么办？

● 三个小话术帮到您！

话术一：30 万元的例子

假定客户有 30 万元，最近两至三年不用，但是三十个月之后可能要用来投资房产，客户决定用定投的方法来投资，每月定投 1 万元，30 个月之后连本带息一并取出来。

再次假定，假定客户是上帝，可以决定市场的涨跌，这时你可以向客户发问：客户希望市场第几个月上涨。

其实能拿到最多收益的答案是最后一个月上涨。

因为客户最后一个月才取出所有的本息，所以是要等客户把所有的资金都投入之后市场再上涨才能收益最多。

那如果中间有下跌及亏损发生，这时客户该高兴还是难过呢？一定是高兴！因为亏得越多，就意味着可以用越便宜的筹码买入份额，买入的份额就越多，那么未来上涨时客户所获得的收益也会更多，所以当基金发生亏损的时候，不应该伤心难过，着实应该开心庆祝一把才对。

可能客户会说，可是你是假定最后一定会上涨啊。

如果市场最后没有上涨怎么办呢？

那我们大家来思考一下未来市场会不会上涨，或者会不会有上涨的机会。

有，一定有，因为没有只涨不跌的市场，也没有只跌不涨的市场，市场是在波动的，既然是波动，那么未来一定找得到一个点位，一个向上波动的点位，并且达到了客户理想的收益预期，比如10%，15%甚至20%，这时就可以获利了结，止盈赎回，落袋为安。

并且实际情况中客户拿来定投的资金通常不是着急用的资金，因此是可以长期持有，那长期持有的过程中，我们有更多的机会碰到客户的心理预期收益点位，有较好收益时可以进行止盈，并再继续进行新一轮的定投投资。

话术二：最高点定的定投怎么办？

有时客户依然会担心，那如果真的市场只跌不涨，怎么办？我岂不是一直亏吗？

这样的市场行情，有没有可能出现呢？有，在某些特定的时间段，比如说2007年股市跌下来之时，2015年股市跌下来之时。

可能客户连续一年多都没有收益，但是，如果客户再多坚持几个月，境况就会大不相同。

拿嘉实增长为例子，2007年最高点（A）点时开始做定投，到最低点（B）点时账户已亏了36%。经历了典型的只跌不涨的市场，很多人可能已经心灰意冷了，因为大多数 2007 年的定投训练营都在讲定投多少多少年，资金有望翻多少多少倍的故事，而客户投了整整一年，却亏了不少，很多人会选择停扣，或者还没有到 B 点时就已经停扣了。但是，请看（C）点，从最高点开始定投并且一直都没有停扣的投资者，已经可以拿到 20% 的收益了。在不到两年的时间里达到平均年化 10% 的收益，已经可以称得上是相当不错的投资选择（见图 1-20）。

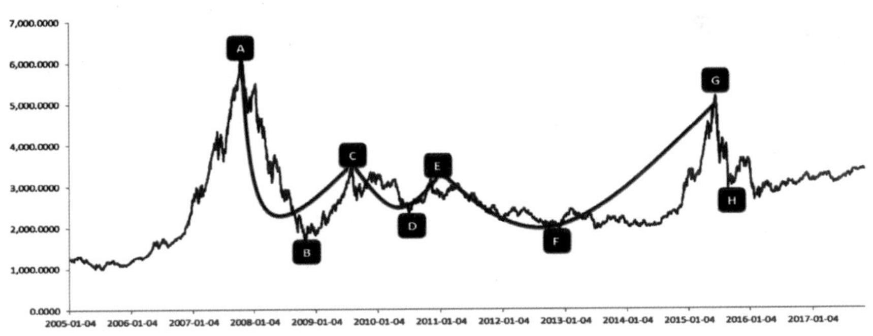

图 1-20　嘉实增长在三段微笑曲线中的收益情况演示图

因此，定投一定要坚持下来，越跌越买！

6 000 点够不够高？够，一定够。

那么 6 000 点开始做的定投，需要市场重回 6 000 点才有收益吗？

不是的。

市场稍有反转投资者已经有不错的盈利了。上面的例子正好说明了这点。所以即便是高点做的定投也不用担心，并且高点定投买入一定会比投资者在高点单笔买入的资金回本速度快很多，同时也有机会更快获得不错的回报。

话术三：客户担心亏损，需要选择高点或低点再进么？

很多投资者经常对客户经理讲的一句话就是："你说的我都懂，定投是很好，但是现在市场不好，我不想做，要等市场好转了我再入场。"

但事实的真相是，如果普通的投资者都感受到市场好转，那市场必然已经到了比较高的位置了。

所以，开始基金定投的时点究竟要不要选择市场高点或低点呢？

完全不用！

为什么？

我们来看下面的数据。

依然以嘉实增长为例。蓝色小框里面的白色数字是指从当时的点位定投至2015年8月时的收益率，即代表了不同时点开始定投的收益率。

我们仔细观察这些数字，是否能发现什么规律呢？

随着时间的变短，定投的收益也在减少。尤其当我们对比2007年最高点和2008年最低点时，大部分的投资者或许都会直观地判断，2008年的定投收益一定高一些。但现实情况真的如此吗？

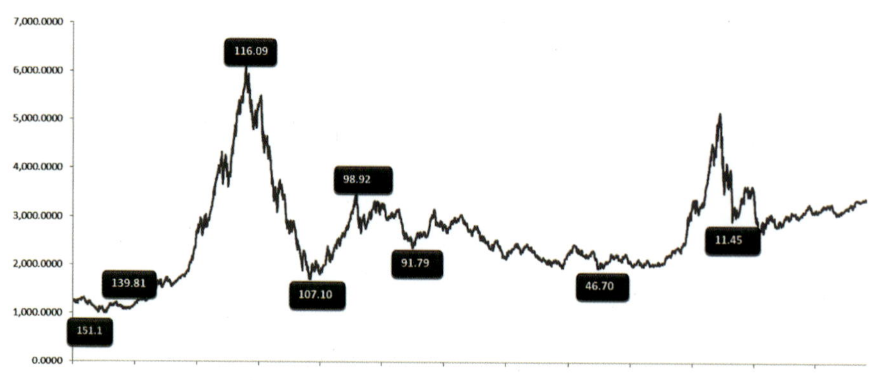

图 1-21　嘉实增长收益从各个时间点定投至2017年10月的收益率

似乎不是。因为我们在 2007 年最高点投入的是一笔定投，而不是单笔买进所有的金额。所以，定投的收益跟是否选择高点或低点开始，真的没有直接的关系。那跟什么相关呢，比较强相关的因素反而是时间，即定投的时间越长，收益越高（见图 1-21）。

因此，如果我们已经决定要开始一笔基金定投了，那么就一定要先对自己说：不要再犹豫时点，马上开始，因为定投开始得越早，可以预期的收益水平可能就越高。

Tips:

定投一定要坚持下来，越跌越买！

开始定投完全不用选择市场的高点或低点，马上开始，越早越好，才是真正的定投之道。

基金被套后能用定投来解套吗

居　渊，南方基金成都分公司零售业务总经理、高级讲师，巴蜀养基场金牌讲师。西南财经大学金融学硕士。

基金被套后能用定投来解套吗

屠　渊

引言：

我们拿出资金来参与基金投资，自然都是想通过基金管理人专业化的运作来帮助并不专业的我们实现资产保值增值。但市场行情瞬息万变，谁也不能保证百分之百稳赚不赔，有时事与愿违，谁都有可能买在了市场的高点，成为最无助的“守望者”。这时，我们所购买的基金产品发生了亏损，我们被套了，眼看着基金净值随着行情急转直下而一路下跌，甚至腰斩，市场的反弹程度和牛市时相去甚远，基金现在的净值离购买时的净值还相隔天堑，解套遥遥无期。这时，我们应该怎么办？

绝大多数投资者的反应可能是以下四种之一：

第一种是坚决地全部赎回，勇敢地承认投资失败。这种壮士断腕的勇气是值得敬佩的，但这种方式明确地将账面浮亏变成了实际亏损，也完全断绝了解套和回本的可能性。所以，我们并不太建议这种做法，我们也相信，做此选择的投资者不会太多。

第二种是“鸵鸟心态”。可能也是大多数投资者的无奈选择，就是我假装不知道我买了这样一只亏损的基金，不再关注，也不再打理，就一直持有到它解套时再一次性赎回，从此不碰。

采取这种做法是肯定有希望解套的，只是所需等待的时间比较长，客户更多的是把希望寄托到下一轮牛市的来临上。就好比我们在 2007 年牛市中一次性投资购买了基金产品，继而被套，需要等到2015年大牛市时才能解套，并且前提还是这只基金的基金经理操作得不错，做出了超额收益。毕竟，还有相当数量的在2007年高点发行的基金产品就算在2015年牛市中也没能返回当初发行时的面值。

第三种方式称为“东墙损失西墙补”。比如客户因为这次亏损，觉得偏股型基金产品风险还是较高，市场波动时净值回撤幅度太大，自己还是更适合投资那些固定收益类的稳健型产品，于是将偏股型基金全部转换成纯债基金或保本基金。这种方式，随着时间的推移，也是可能会解套的。比如客户在2007年高点购买基金被套，采用这种方法的话，大约需要经过两轮债券牛市的周期才能盼到解套，时间点大约是在2012年年底或者2013年上半年。

第四种方式是利用基金定投来解套。这也是专业人士更推荐的方式。也就是在被套以后，不仅不斩仓出局，反而通过基金定投的方式不断追加投资。因为基金定投的最大优势就是平均投资、分散风险，在被套之后再进行定投申购，那么每次申购的净值都将低于最初购买净值，平均投资成本得以不断摊低，那么未来如果遇到市场反弹，由于平均成本大大降低，自然也就更容易早早解套了。

还是打个比方吧。假设我们在2007年高点买入基金被套后，采用定投方式补仓的话，最大的可能是在2009年那波3 478点的反弹中得以解套（见表1-9）。

表1-9　2007年高点定投的指数实现盈亏平衡的时机

指数名称		中证500	小康指数	深成指	上证380	沪深300
盈亏平衡点	发生日期	2009-4-1	2009-5-4	2009-5-4	2009-5-4	2009-6-1
	同期指数增长率	-40.07%	-43.71%	-48.86%	-37.13%	-51.37%
	当时上证指数	2,408.02	2,559.91	2,559.91	2,559.91	2,721.28

2007年10月16日上证综指点位上探6124.04点。

（数据来源：南方基金）

既然基金定投这么神奇，我们是不是就应该马上奔向银行，把所有被套基金都开始定投呢？

我想说，且慢！

其实并不是所有被套基金都适合用定投来解套。具体问题，还得具体分析。比如此刻，倘若我们手中持有于2015年股市高点时买入被套的基金的话，或许应该属于以下四种情况之一：

1

第一种情况，这只基金的亏损幅度小于等于10%，相当于基金经理在这两年多以来经历连续暴跌甚至熔断这么严峻的考验过后，仍然最大化地保全了客户资产，现在亏损幅度也较小，距离解套所需的涨幅不多。这种情况下，恭喜你，你不需要做任何操作，继续持有等待市场反弹即可。

2

第二种情况就比较不幸了。倘若我们持有的基金亏损幅度较大，达到百分之二三十，但这只基金运作得还不错。“运作得还不错”的意思是，这只基金弹性很好，通俗来讲就是当市场处于下跌阶段时，它大概率处于市场的平均跌幅水平，甚至更少，而当市场处于上涨阶段时，它的涨幅可以达到市场的平均涨幅，甚至略有超额收益。面对这种情况，我们的建议是，坚定地继续持有，并坚决地通过定投方式进行补仓。

3

第三种情况更为不幸，我们持有的基金亏损幅度更大，大约超过30%，并且运作得比较差，也就是说，当市场下跌的时候，它的跌幅超过市场平均跌幅，甚至更多；而当市场上涨的时候，它的涨幅达不到市场平均涨幅。这种基金，虽然我们也可以通过定投的方式进行补仓，但由于其上涨乏力，显然不是最优选择。因此，我们更好的选择是先转换再定投补仓，具体来讲，就是先看看这只被套基金是哪家基金公司的，然后在这家公司旗下去寻找同类型且运作得还不错的基金产品进行转换，换成那只运作得还不错的基金，然后再开始定投补仓。

4

第四种情况，也就是最不幸的情况。首先，我们持有的这只基金亏损幅度很大，并且，我们还悲伤地发现，它运作得比较差。更让我们抓狂的是，这只基金所属公司旗下同类型产品要么比较少，要么运作得都比较差，挑不出一只好的。遇到这种极端情形该怎么办呢？当然，我们的建议就是，这时就需要勇敢赎回了，然后买成其他运作得不错的基金，再通过定投进行补仓。倘若我们平时对基金关注较少，不知道该如何寻找运作得还不错的基金产品的话，最简捷的途径就是，每家银行每个季度都会划出一个重点基金产品池范围，池子里的产品往往都是经过专业团队的精挑细选，通常会有运作得不错的基金存在。

最后，我想肯定会有朋友问，到底应该怎么判断我持有或关注的基金产品算不算“运作得还不错”呢？

对此，我自己总结出了一个简便易行的方法：就是把我们持有或关注的基金产品净值走势图与股市大盘走势图叠加在一起，看看市场上涨阶段这只基金产品的净值涨幅相对于大盘的涨幅，是涨得较多还是较少，再看看市场下跌阶段，它的净值跌幅是比大盘跌幅更深还是更浅。这样，我们就可以做出一个大致的判断了。

让我们一起来看两个例子。

图中所示就是一只运作得还不错的基金，从图中可以看到，近一年多时间以来，这只基金的净值表现（最上方的蓝线）非常不错，远高于中间红线代表的同类平均水平，以及下方青线代表的上证综指走势。由此，我们可以判断出，这只基金产品的超额收益非常明显，如果被套了，我们可以勇敢而坚定地利用定投方式进行补仓（见图 1-22）。

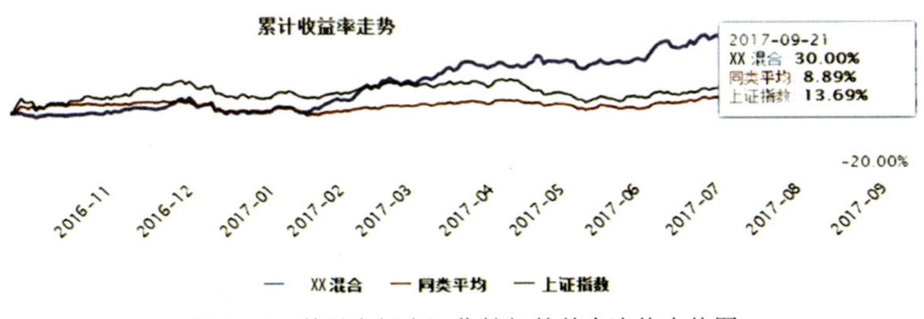

图 1-22　某只市场上运作较好的基金净值走势图

第二个例子是一只运作得比较差的基金。从图可以看出，两年多时间里，这只基金产品的净值表现（最下方得蓝线）相对较弱，远低于中间青线代表的上证综指走势，以及上方红线代表的同类平均水平。这只基金是 2015 年 6 月初成立的一支规模较大的偏股型基金，从图中我们可以轻易看出这只基金运作不太理想，如果被套了，我们可以先进行转换，再考虑定投补仓（见图 1-23）。

图 1-23　某只市场上运作较差的基金净值走势图

最后，需要提醒大家的是，投资是一个长期坚持的过程，也是经验不断累积的过程，如果遇到短暂的挫折，大家千万不要气馁。只要我们利用好定投这把有力的武器，一路披荆斩棘，就一定能把投资路上的挫折转变成胜利的喜悦！

Tips:

基金转换

1. 什么叫基金转换？

基金转换是指投资者不需要先赎回已持有的基金份额，就可以将其持有的基金份额转换为同一基金管理人管理的另一基金份额的一种业务模式。

2. 为什么要转换，而不是赎回重买？

（1）及时性，转换是按照申请日的基金份额净值为基础计算转换基金份额数量。（2）省手续费，转换只需要交赎回费 + 申购费补差。

基金定投的投后管理

吴秋霞，西南财经大学金融工程硕士，现任新华基金西部区高级渠道经理，巴蜀养基场金牌讲师。

基金定投的投后管理

吴秋霞

引言：

现在我们已经知道如何面对不同亏损幅度和运作优劣的基金产品。接下来，我们再进一步探讨一些投后管理的话题。

一、哪里跌倒，是否就要在哪里爬起来？

网上流传的一种说法是，“通过定投指数基金，一个什么都不懂的业余投资者往往能够战胜大部分专业投资者”。但如果我们选择的不是指数型基金呢？

笔者以为，这种情况下，无论对于单笔投资还是基金定投，倘若我们选择或关注的产品，其所属的投资主题、板块、市场已经没有前景时，需要我们果断卖出、改投其他值得投资的领域，从而把钱转到其他可以更快赚钱的地方，提高赚钱效率。

例如，倘若军工题材的基金亏了30%，医药题材的基金赚了10%，而在可预见的一段时期内军工题材都难有发展前景的话，那么即便亏损30%也要果断卖出，转而加仓到有前景的主题板块去。在投资这件事上，千万不要坚持“在哪里跌倒，就一定要在哪里爬起来”。

总体来讲，如果一只基金产品满足下面两个条件，即使遭遇亏损，也可以适当加码投资，而非停止扣款。

该基金产品的投资方向拥有很好的发展前景。这种情况下，现阶段亏损越多，越应该加码投资，跌到一定程度时甚至可以全仓买入，为后面的反弹做充分的准备。

该基金产品的投资业绩在同类产品中名列前茅。如果定投基金所投资的板块方向没有明确的向上或者向下的趋势，那么可以比较同类基金的投资水平，例如，定投基金亏损了10%，但是此时同类产品的市场平均水平亏损了30%，那么说明投资板块已经超跌，并且基金经理投资能力优秀，此时可以进行加仓操作。

与之相对应的是，如果一只基金产品已经不值得继续购买，那么不管亏损幅度多少，果断止损才是上策。

我们经常遇到一些投资者，一旦遭遇亏损，就抱着非得保本才卖出的心态，结果一套多年，最后即使保本卖出，也早已损失了大半时间价值，耗费了不菲的财务成本。毕竟，10年前的100元和10年后的100元，其所代表的真实购买力天差地别，其间的价值损失不可忽略。

还有一些投资者，定投基金前期赚了30%却没有获利止盈，结果收益率下降到5%了，又舍不得卖出，后来在相当长的一段时期内，其收益率再也没有回到过30%的高点，白白损失掉了中间投资其他品种的机会。

总而言之，基金定投倘若发生亏损，之后是加仓还是止损，不是简单地看亏损幅度，而应该综合分析亏损背后的深层原因，了解基金的前景，对于没有前景的产品要果断止损，对于有前景的产品，亏损越多越应勇敢加仓。

二、定投的基金经理换了怎么办?

近年来，国内的基金经理变动很快，平均每年都会有相当数量的基金经理发生人事变动，例如，据公开数据显示，2016年就有136名基金经理离职，还不包含公司内部调整的数量。

基金经理变动的原因有很多，可能是因为业绩太好被挖，可能是业绩不好被淘汰，也可能是基金经理个人由于职业规划去了更适合自己的平台，比如一些拥有较长投资经历、过往业绩不俗的基金经理转投私募，还有可能是配合市场和基金本身的投资策略，基金公司内部进行了主动的人事调整。

那么，基金经理的变动到底是否会给基金造成很大的影响呢？

如果有，又会是正向的影响还是负向的影响呢？

面对基金经理的变动，投资者应该如何决定自己的定投去留？

下面，我们尝试从几个方面来做一些分析：

1. 分析定投基金的类型

如果我们选择或关注的定投产品是指数型基金，鉴于指数型基金跟踪的是一个确定的指数，基金的优劣主要看基金表现与标的指数的偏离度，偏离度越小，表明基金越优异。这种类型的产品，我们主要的关注点还是应该放在标的指数的前景上，基金经理变动对收益率的影响往往不大。

而如果我们选择或关注的定投产品是股票型或混合型等主动管理型基金，那么基金经理的变动应该引起我们足够的重视，具体操作可参考下面几个方面的分析。

2. 给新任基金经理一定的观察期

当主动管理型基金的基金经理发生变动时，我们可以不要立刻做出买卖或者加减仓的决定，尝试先观察 3~6 个月。如果观察期内，该基金没有与之前的投资策略出现大的背离，那么可以继续扣款，反之，如果出现明显的业绩下滑，那么要特别关注其原因是由基金经理本人操作能力较差造成，还是市场整体原因所致。如果是前者，那么可以考虑停止定投、及时卖出。

同理，如果观察 1 年左右，我们发现这只基金的表现非常优异，甚至较以前有更突出的表现，那么自然可以结合之前的加仓策略适当加仓。

3. 分析基金公司的投资风格

每家基金公司都有自己独特的投研体系，制度和风格各不相同。有一些公司比较注重团队培养，公司内部的投资策略比较一致，旗下基金呈现出来的业绩表现也差异不大。对于这类投研体系的基金，基金经理变动一般不会对基金业绩造成大的影响。而另一类基金公司更为注重发挥基金经理个人的风格特点，培养明星基金经理，优胜劣汰。这种投研体系下，公司旗下的基金业绩差异会非常大，如果基金经理发生变动，尤其是明星基金经理变动，则需要特别关注新任基金经理的投资风格和投资能力。

三、何时赎回定投基金？

让我们来看两个案例。

案例 1：投资者甲定投了基金 a，持续扣款 16 个月，累计投入本金 5 万元，而预期收益率不足 2%，只赚到 800 多元。

案例 2：投资者乙定投了基金 b，预期收益率高达 20%，可累计投入本金只有 1.8 万元，获得收益只有 3 600 元。

甲乙两位客户都想知道，什么时候是最好的赎回时机？

下面我们通过三个问题来回答。

1. 定投依据什么指标停利？

在案例 1 中，如果投资者甲对所定投的基金 a 未来的收益空间有疑虑，建议可以回顾市场情况，看看基金 a 所投资的板块上涨的空间是否还大。如果答案是否定的，那么即使只有 2% 的收益也果断卖出。但如果该板块仍然有很大的投资潜力，只是遭遇市场调整，那么建议可以继续耐心扣款，毕竟甲的投资时间只有16个月，对于基金定投而言还是一个比较短的时期。通常而言，基金定投能在2~3年内出现获利已经算是非常不错的了，若遇到市场长期盘整，3年看不到收益也属正常。

在案例2中，投资者乙定投预期收益率达到20%，可收益却只有3 600元。对客户而言，止盈，绝对收益实在不多；不止盈，又担心跌下去连20%都拿不到。笔者以为，止盈或不止盈，要看该只定投基金的收益来源——是由市场整体上涨带来的，还是在市场没有大幅上涨的情况下仅仅因单一基金表现优异远超市场水平造成？如果是前者，那么可以适当考虑停利，落袋为安。如果是后者，则可能是由于基金投资的主题板块轮动，或基金经理选股能力较强，投资的股票短期涨幅较大，此时可以继续持有，但也要密切关注基金重仓股的变动情况，防止调仓带来的收益回落。

2. 如何制定最佳停利点?

很多投资者真正苦恼的，其实是赎回之后基金净值又继续上涨带来的心理失落。这就是人性的贪婪，是尽管我们每个人都知道“贪婪和恐惧为投资的头号敌人”，但当其袭来的时候依然忍不住内心充满遗憾。

因此，我们需要依靠纪律停利，逐步将收益落袋为安，不要期望永远卖在最高点。最好的停利点需要从市场趋势和个人操作经验中去逐步摸索，没有新手一开始就能变成专家，我们建议，投资者可以通过下面的两种方法先找到市场的平均报酬率。

A. 观察市场整体收益率

越激进、波动越大的市场可以设定越高的停利点。

以股票型基金为例，成长股的波动大于蓝筹股，小盘股的波动大于大盘股，所以如果对定投的蓝筹股基金设定8%的停利点，那么对成长股基金可以设定15%甚至更高，因为相对而言，成长股基金很可能在极短的时间内就达到了停利点，而此时累计投入的扣款总额还很少。反之，对于蓝筹股基金而言，倘若设定很高的停利点，则可能好几年都达不到。

B. 参考其他人的经验

“三人行必有我师”，我们也可以参考其他人的投资经验，了解对方是从哪段时间开始定投的，收益率大概多少，从中判断市场预期收益率的大致平均水平，作为自己设定停利点的参考，并按照自己的风险偏好和承负水平，在适当的范围内进行增减。

例如，倘若我们认为市场平均的预期收益率在 30% 左右，而经过专业的风险测评，显示自己属于进取型的投资者，那么则可以考虑将停利点设在 35%~40% 的区间范围内。同样，对于相对保守一些、不愿意承担太多压力的投资者而言，则可以将停利点设定在 25% 左右，一旦达到就落袋为安，之后再继续其他操作。

这里需要注意的是，停利点的范围不要设得太大，例如设定在 10%~60% 就显得不太适合，也失去了停利点设定的基本意义。

此外，停利一定要以纪律来保证执行。特别是对于不太熟悉市场或者没有足够时间关注市场的投资者，纪律就显得尤为重要。否则，就很可能发生收益率到 90% 还不想离场，或亏损 50% 才害怕赎回等情况，造成较大损失。

3. 停利之后，资金何去何从？

基金达到停利点后，最直接的建议是全部赎回。如果金额特别大，可以选择分批赎回。

赎回之后，如果这笔钱没有急用，可以考虑将其再分 36 个月分批投入到新的基金产品中，依然定期定额扣款，依然设定严格纪律。尚未投入的余额可以选择开放式理财或货币基金进行临时存放，既不损害流动性，又能提高资金整体投资收益水平。

需要注意的是，刚刚赎回再投入时，可能处于市场高点，短时间内可能会有亏损。倘若预期收益率下降到一定程度，市场进入低迷状态时，我们可以考虑将准备用于后期扣款的资金提前投入，增加低位投资金额，以较低成本获得更多筹码。

例如，某投资者每月扣款 2 000 元，一年后发现预期年化收益率是 -30%，且市场已经非常低迷，投资者普遍开始失去信心。这时，这名投资者就可以将定投金额加码到每月 4 000 元，吸纳低位筹码。这样，即使最终没有扣满 3 年，但受益于低位累积了诸多便宜份额，一旦市场趋势转而向上，就可以逢高卖出获利。

Tips:

如果一只基金产品的投资方向拥有很好的发展前景，或者其投资业绩在同类产品中名列前茅，那么即使它遭遇亏损，也可以考虑适当加码投资。相反，如果一只基金已经不值得继续购买，那么不管它的亏损幅度是大还是小，我们都建议投资者果断止损，出局为上。

年年底的任意一天随机开始定投，如果我们设置成 8% 的目标收益止盈，80% 概率 9 个月时间就可以达到。40 多千米的马拉松，不是每一个人都能坚持下来的，真正能坚持并做到长期投资的人其实是非常少的。定投跟跑步一样，如果让一个普通人跑马拉松，他不一定跑得下来，但是换成一段一段的百米冲刺，跑完一段休息一下再跑，他是一定可以坚持下去的。我们可以把一个三年五年的长周期定投细化成一段一段更短期的定投周期，这样客户的体验会更好，坚持下来的概率更大，而且每次收益触发的时候也是再次营销客户的时机。

以上讲的都是针对新客户的定投营销方式。还有一类客户就是高位买入基金被套，维护压力非常大，定投也可以作为很好的解套工具。

如果现在问客户买基金想买在多少点？5 000 点、3 000 点还是 2 000 点？客户肯定是说当然买的越低越好。定投是什么？定投实际上就是一个可以逢低买入的工具，是一个不择时的工具，市场跌得越多，投资者买入的份额越多。低买高卖是所有买基金的客户的梦想，**低买可以用定投去解决。高卖可以用前面说的目标收益触发机制解决，达到目标收益就赎回。**

参加过军训的人都有打靶的经历，给你一颗子弹你很难打中靶，但给你源源不断的子弹去打靶，你肯定能打中靶心。一次性投资就像用一颗子弹打靶，普通投资者很难择时，很难一次打中靶心。但定投不同，定投有源源不断的子弹，总有机会不断地在低点布局。

基金定投购买动机

钟海威，中南大学硕士，泰康资产公募渠道销售总监，巴蜀养基场发起者之一。

基金定投购买动机　钟海威

让我们先来看一则腾讯理财通的基金定投宣传广告：

“想买一辆车，从拥有一个轮胎开始，月存工资20%，远大梦想，步步拥有。”

借助这段文案，腾讯理财通勾勒出了一幅买车的美好画面，让消费者全心投入到想象中去。而通过基金定投的方式积累财富，可以更好地解决买车的资金问题。这就是这段文案的基本逻辑——通过有效地把消费者的购买动机和产品营销相结合，达到宣传推广的目的。

这样一种情景化的营销方式能够对那些想买车但苦于无从筹集资金的消费者产生心灵上的触动，激发他们接触、了解进而选择基金定投进行投资的意愿。

因此，从基金定投推广的角度而言，我们可以说，了解客户的购买动机并妥善应用合适的场景，是做好推广的第一步。

一、消费者购买动机

购买动机是直接驱使消费者实行某种购买活动的一种内部动力，反映了消费者在心理、精神和感情上的需求，实质上是消费者为达到需求采取购买行为的推动力。它是一种消费者的心理情感活动，非常复杂、难以捉摸。

在消费者行为学中，购买动机是解释行为发生的原因，即回答为什么消费者要购买某一商品的问题。

消费者购买动机往往会实际反映到购买行为上，所以在营销过程中弄清楚消费者的购买动机非常有必要。在此，我们简单列举一个消费者购买书包的理性与感性动机（见表 2-1）。

表 2-1 消费者购买书包的理性与感性动机

理性动机	感性动机
实用（想买个上学的书包）	攀比（限量版）
方便（买个双肩的）	尊重（要体现到是自己赚钱买的）
安全（带锁的）	个性（迪士尼的）

商家通过观察消费者的个人特点识别和激发其中一个或者多个动机，并进行相应的营销策略，实现产品销售（见图 2-1）。

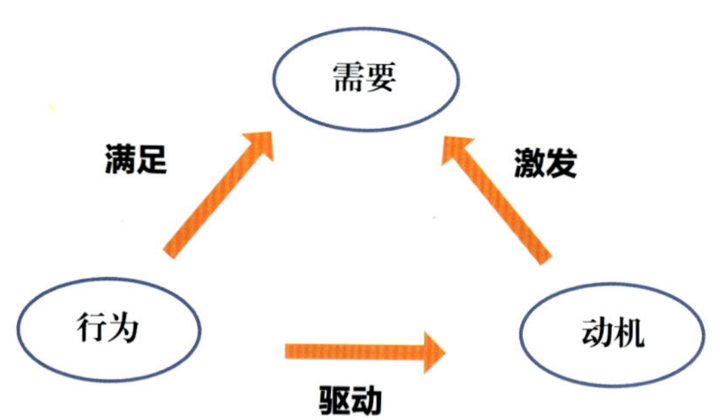

图 2-1 消费者购买动机

基金定投作为金融产品的购买形式，也是大家持续销售基金的好工具。我们可以通过详细分析客户进行基金定投的动机，有的放矢地进行营销。此外，我们也可以通过发掘客户的深层需求，激发客户的基金定投动机。这一营销思路除了对基金定投营销有效外，对其他理财产品的营销也裨益良多。

二、基金定投动机分析

动机的来源是人类的需求，如果没有需求就不会有动机。我们既可以发掘需求也可以创造需求。马斯洛需求层次论是行为学中最经典的理论之一，在我们研究基金定投的需求动力的过程中同样适用。

马斯洛认为人有五个层次的渐进需求，分别是生理需求、安全需求、社交需求、尊重需求和自我实现的需求（见图 2-2）。

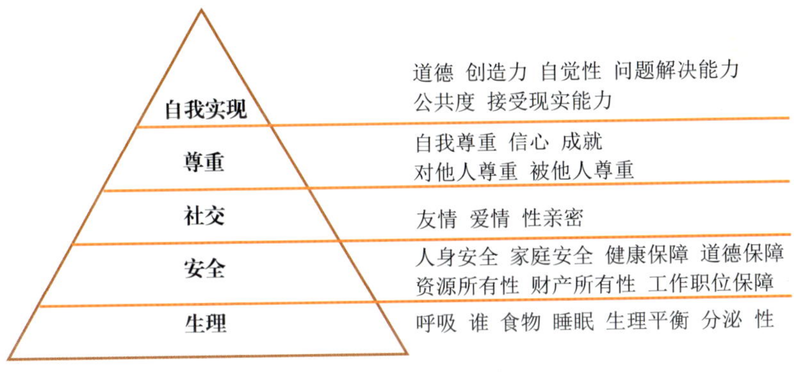

图 2-2　人类需求层次

在回顾马斯洛的需求层次理论的过程中，我们发现除了生理需求外，其他需求都在基金定投上都有着比较直观的反映（见图 2-3）。

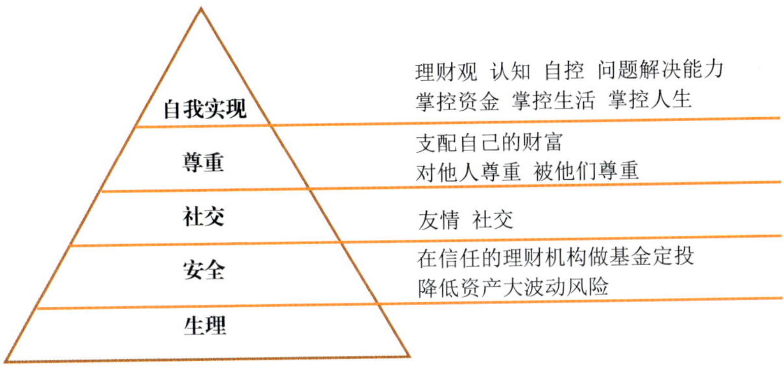

图 2-3　人类需求层次在基金定投上的反映

A. 安全需求

安全需求包括降低择时一次性买入基金可能引发的资产大波动风险，以及在信任的理财机构做基金定投，以免掉入理财陷阱，保证资产可控（注意不是保本）的需求。目前推广基金定投的机构多以券商及商业银行为主，客户选择相应大平台投资，可以规避信任风险。

B. 社交需求

社交需求主要包括亲情与友情等方面的需求，比如为家庭建立一个理财计划，提升家庭亲密度，以及与理财经理的沟通交流，感受到理财经理的关心等。这也是我们通常强调“理财经理不应该单纯关注产品销售，而要真正以客户为本，与客户交朋友”的理论基础所在。

C. 尊重需求

尊重的需要又可分为内部尊重和外部尊重。基金定投最表层的动机就是赚钱，正所谓“你不理财，财不理你”，通过简单便捷的基金定投提升客户投资信心，提高其被动收入水平，增加其可支配财富，满足其尊重需要，能使客户对自己充满信心，增强投资热情，体验到自己的用处价值。一日定投，终身无忧，特别在营销大额定投时我们一定要充分挖掘客户的此类需求。

D. 自我实现需求

在最高层次上，基金定投，尤其是大额定投，可帮助客户一定程度上克服人性的贪婪、恐惧对投资的影响，树立正确的理财观，改变消费习惯和投资习惯，提高认知能力和自控能力，从而更好地掌控资金，掌控生活，掌控人生，从长期投资的深刻体验中获得自我实现的快乐。

分析过后，我们发现，基金定投的需求和大部分理财需求相似，仅仅是方式有所差异而已。基金定投最大的好处是能实现投资的重复性与便利性，是日常没空或者“懒”人的代表性投资工具之一。与一次性购买相比，长期定投可平滑收益，降低市场波动风险。

了解了马斯洛的需求层次理论，我们再来看看，在配置基金定投的过程中，我们如何帮助客户把赚钱的需要变成基金定投的动机呢？我们的生活中又有哪些动机在日常营销中万试万灵？如何让客户相信我们能帮他们赚钱？赚多少钱又算得上比较“合适”呢？……

这些问题只能在了解客户基金定投的深层动机之后才能回答。我们利用最常见的目的链研究方法，来看看客户的购买动机。

什么是目的链研究方法？在这里我们用购买发胶这一消费行为举例（见图 2-4）。

图 2-4　购买发胶的目的链研究方法

同理，我们在研究基金定投的过程中，也存在这样的目的链（见图 2-5）。

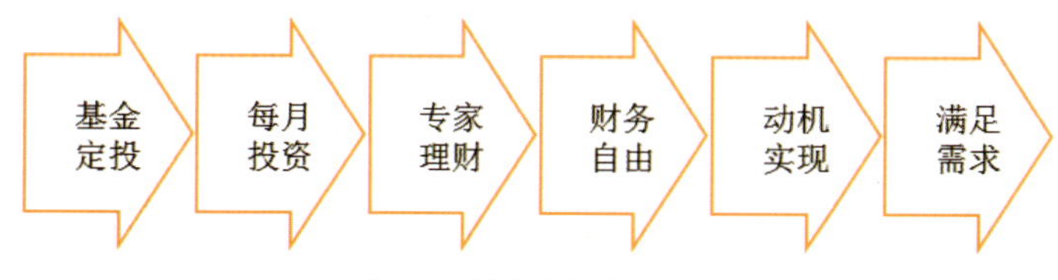

图 2-5　基金定投的目的链

在具体动机的探讨过程中，我们通过目的链分析方法并结合日常营销实践总结如下（见图 2-6）。

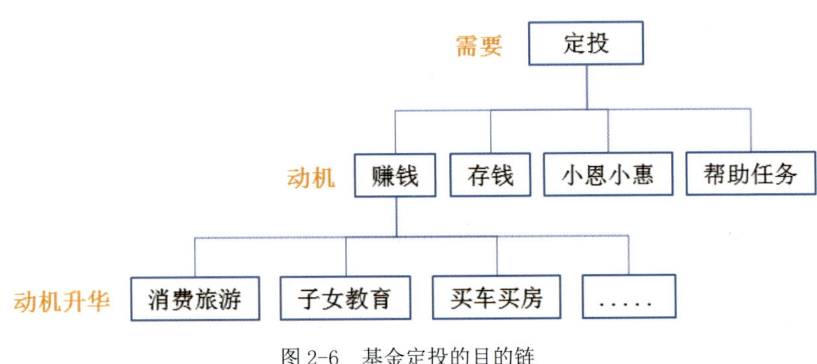

图 2-6　基金定投的目的链

通过上面的需求分析容易发现，深层动机需要了解和发掘，并逐一探讨，结合定投特点，制订相应的营销方案。因为基金定投的目标客户购买动机存在多样性、复杂性、差异性等特点，本文以几个最常见基金定投动机的表现形式、销售人群、应对方法为例进行分享。

三、几种常见的基金定投动机

1. 潜在消费动机：旅行

旅行动机在某种意义上可以称之为金融营销中的万金油。

动机潜藏在各层次消费者心里。类似于开篇所讲的买车动机，事实上我们在日常定投营销中很少与之结合。而一年一次或多次的旅行则与基金定投的主要客群高度一致，也基本符合年轻一代的生活追求。

此外，鉴于基金定投类似零存整取的特征，也非常适合用于积累旅行资金。

2. 潜在消费动机：买车、买房、婚嫁用钱

具有这类消费动机的人群往往属于偏现实主义群体，一般在旅行、享乐等方面的需求会略少一些。由于、车、房等固定资产采购单价较高，购

买频率较低（可能几年甚至一二十年才换），目标客群的承付能力和消费水平均已较高，要满足或者激发这部分客群的潜在消费动机，可考虑选择大额定投或高弹性基金来进行匹配。

3. 长远愿景动机：读书（教育）

小学、初中、高中、本科、研究生……读书的成本越来越高，家长的负担越来越重。

现在开始，每月为孩子定投 500 元，既不影响当下的生活质量，又可以缓解未来压力，若能锁定三年的定投小目标更好。现在很多年轻人选择工作后再返回学校读书深造或出国留学，定投方式也比较容易和这类目标相关联起来。年轻人可通过定投积累教育资金，满足自我奋斗的需要。

4. 长远愿景动机：养老或赡养父母

1997 年的早餐油条卖 3 毛钱一根，2007 年涨至 3 元，2017 年呢？

20 年来，我们的货币实际购买力贬值了 90%。60 岁以后，我们储蓄卡中的活期存款能为我们换来什么样的退休生活？

养老动机对一般消费者来说虽长远但不可或缺，而基金定投恰恰能完美地贴合这类需求。简单而言，就是老有所养，定投应自现在开始。

5. 从众动机

从众心理现象是美国著名社会心理学家所罗门 · 阿希在 20 世纪 50 年代提出的经典研究成果，指个人观念与行为在群体的引导和压力下，不由自主地与多数人保持一致，也就是我们通常说的“随大流”。

研究表明，个体消费在购买决策中都会或多或少受到群体影响，在基金定投的营销中也是如此。由于基金定投单次购买金额较小，客户会更容易接受此类金融产品，从众效应更强。发掘消费者的从众动机最直接的方法就是，通过走进企业、走进社区、走进院校或者组织开展产品说明会、客户联谊会等互动活动，分享基金定投投资客群、重复购买率、市场评价、成功案例等信息，其中，首先要对参与群体中的意见领袖进行重点营销，营造现场活跃购买的氛围。

6. 馈赠动机

日常营销中，馈赠动机最成功的案例是脑白金的洗脑式广告，孝敬爸妈、代际关爱等动机其实在基金定投中也能得到发掘。比如父母馈赠子女基金定投，能同时提升父母和子女的理财观，获得一箭双雕的效果。

中国传统的习俗里，逢年过节或生日聚会，小孩或多或少都会收到长辈的红包，而由此出发引导父母为子女定一份圆梦基金（既可培养小孩的财商思维，又避免玩具堆砌等无意义的资金耗费），目前已成为基金定投营销话术的主要应用场景之一。客户群体主要以为人父母的 70 后、80 后、90 后人群为主，时点主要集中在儿童节、春节等节日前后。

类似的馈赠动机还包括情人节、三八节、中秋节、“双 11”等，后面我们会详细介绍。

最终产生基金定投动机并实现购买，主要是深层动机得到满足。在消费者的心理层面反映出来，应该是上文提到的需求层次论到实践，多表现为几个层面：

心灵满足——比如买车计划的第一步，虽不能立即提车，但已经开始计划并筹备了。

情绪发泄——比如单身的你在“双 11”给自己送一份基金定投作为礼物，或许明年的今天就可以用这笔钱和亲爱的她邂逅一场诗和远方。

危机感填充——通货膨胀太厉害，货币天天贬值而收入不见增长，通过基金定投为自己提前准备一份养老保障，降低内心深处的不安全感。

……

类似场景还有很多，在这里我们就不一一列举了，但要强调的是，最核心的要义还是满足客户多样化的心理需求。销售实现以前，或许我们都不会忽略；但在完成销售以后，仍能不断强化客户初始购买动机并有意识地挖掘客户其他相关动机的情况并不多见。正如前文所说，客户的购买动机是多重性的，这种多重性如果能得到深度关注和适当挖掘，就完全有可能引起二次、三次甚至N次重复购买，对于银行或券商而言，这或许才是真正的良性循环。

四、了解客户的动机

了解客户基金定投的动机是了解客户的一个过程，常用方法有三类。

问询法：直接询问客户选择、购买的原因，形式包括访谈法、问卷法等。

观察法：可通过对客户的行为、言谈、表情、着装等进行直接观察，进而对观察的结果进行分析推断来了解。

类比投射法：可以给客户提供一些意义并不确定的刺激，通过客户的想象和解释来投射出其内心的动机、态度，比如有词联想法、造句测试法、角色扮演法等。

举例来说，比如一名消费者在提及基金定投时，一边抱怨时间长，一边又表露出有意做些尝试的样子，那么适当送点小礼品就可能促成交易，满足客户心理安慰的需求。在这个过程中，细致的观察力和敏锐的判断力非常重要，还要辅以有效的方法和手段。在满足客户需求的环节中，必须注意一点，即客户的需求必须排在首位，营销人员的爱好、个性都不重要，尤其需避免观念上的对抗。

五、消费者动机分析与营销策略探讨

第一，消费者的动机应该是多重的，所以基金定投产品的多重优点应该牢牢把握，并且在日常展业过程中尽可能充分展示。例如在产品设计上，基金定投可以搭配高波动的股票型基金，也可以选择风险较低的偏债型基金。

第二，不同的基金能满足不同的消费者动机，同一基金也有不同额度的定投方式满足其动机，所以营销策略上需有针对性和目的性。根据杰罗姆·麦卡锡的 4P 理论，我们简单列举相应的营销策略。

1. 产品策略

预先制定高弹性组合（股票型基金组合）、中弹性组合（混合型基金组合）和低弹性组合 (偏债型基金组合)，给客户提供多样化选择，也可引导客户一次性购买，减少后期促成销售过程。在日常营销中，定投更多是“一阵风”，没有太固定的章法，制定了组合章法就完成一半。

开发新产品，制定特色组合也可以起个相应的名字，如奔向清华定投计划、“陪你一起到老”浪漫，浅显易懂、吸引眼球且让人耳目一新。

产品策略中也可以考虑整合营销，比如分析消费者对黄金类产品的购买动机，组合搭配实物黄金、黄金 ETF 联结基金定投、黄金定投等产品，作为黄金类产品组合，从而吸引该类客户群体的眼球。

2. 渠道策略

近年来，网银、手机银行等电子渠道的普及和使用率越来越高，操作便捷快速，非常适合与基金定投模式相搭配。加之监管政策日益趋严，对金融机构柜台营销的流程规范越来越多（比如有关“双录”的规定就曾让无数理财经理头疼不止），金融机构出于成本管控等目的，实体网点及其人工柜台也越来越少……无论从什么角度来说，电子渠道都是基金定投的最优选择。建议营销人员准备清晰详尽、直观亲切的基金定投指引，方便客户的同时也方便自己。

3. 促销策略

现代社会各种节日层出不穷，除了国内外传统节日（如新年、圣诞等）以外，各种商家“自制”节日（如“双 11”）也早已深入人心。节日和假期从来都是基金定投推广的好时机，予以适当规划，完全可以实现全年 365 天各式主题不间断。

比如文案“今年中秋定投 500 元，明年中秋泰国过（看看国外的月亮是否更圆）”等，辅以适当的纸质、电子版宣传资料，将网络在线推介、外拓现场推广、厅堂营销展示相结合，往往可以收到奇效。

4. 价格策略

利用网银、手机银行等电子渠道，策划手续费折扣、专属优惠等主题活动，营造紧迫性的氛围。比如某银行每月举行理财节，利用消费者的惠已心理开展阶段性营销，从而扩大客户在本行（券商）的资产配置度和产品购买率，利用基金定投提高客户黏性。

六、结语

综上所述，我们认为研究客户的基金定投购买动机与营销策略的关系是目前营销活动中必要但缺乏深入探讨的课题，本书对此也仅抛砖引玉，提出一些个人见解。当然，每位营销工作者所处的营销环境多有不同，数据难以一一覆盖，营销理论也并非金科玉律，并非普遍适用、不得一变。销售的根本在于人际相处，还得具体情境具体分析处理。我们只有根据自己所面对的实际工作情境，基于动机分析的结果，制定适当的营销策略，才能更好地达成营销目的。文末分享一句打动人心的基金定投宣传语。

让我们一起定投现在，解锁未来！

Tips:

了解客户的购买动机并妥善应用合适场景，是做好基金定投推广的第一步。

我们通常可以通过问询法、观察法和类比投射法来实现这一点，然后根据 4P 理论制定针对性的营销策略。

水平营销在基金定投中的运用

昌利国，中融基金成都营销中心总经理，巴蜀养基场发起人之一，曾任大成基金成都分公司总经理、大成基金西安分公司总经理。

水平营销在基金定投中的运用

昌利国

本书前面的内容都在纵向探讨基金定投的方方面面，本文将从横向的角度来看看基金定投。就比如一双鞋，我们反复在强调鞋的做工、穿着脚上的舒适度……但却忽略了鞋还有一些延伸的功能，比如朋友升迁，我们可以赠送鞋来寓意步步高升。

今天，我们就跳出三界，离开五行，来聊聊“基金定投”。

在基础的认知上，基金定投是一种投资理念，每个月投入几百元，就当作是强制储蓄，当有天亟需用钱的时候，在某个基金账户中有这样一笔钱，会带给我们一些惊喜。从这个角度来看基金定投，货币基金和债券基金均是比较好的定投标的，风险度相对较低，可以提高客户的定投体验满意度，特别是对从来没有接触过基金的客户而言。

这类营销的目标客户就是刚参加工作的年轻人以及保险客户。

继续往下延伸，我们知道，基金定投是一种投资策略。买卖基金的核心原理是“高抛低吸”，但我们谁都无法准确预测市场高点与低点，而基金定投则可以弱化买入时点的重要性，平摊买入成本，特别适合在震荡市和下跌市中应用。

比如，我每个月投入 600 元，当基金净值为 2 元时，我可以买入 300 份。第二个月，基金净值跌到 1 元，我可以买入 600 份。合计相当于花了 1 200 元，买了 900 份，当基金净值涨到 2 元时候，基金市值 1 800 元，赚了 50%（见图 2-7）。

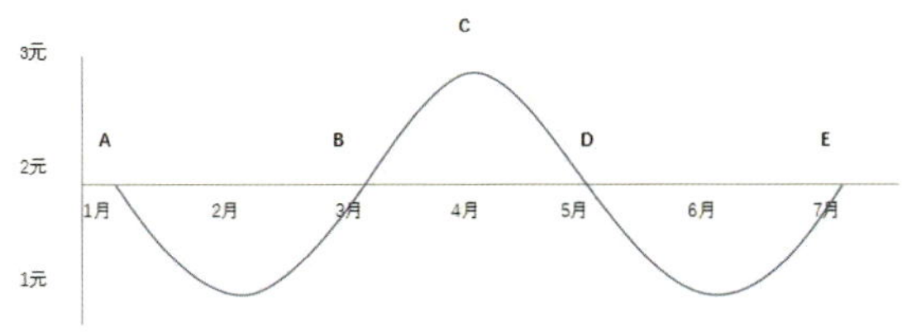

图 2-7　基金净值变动图

如果每期定投 600 元，则收益测算如下：

表 2-2　基金定投收益变化表

A→B	投入两期，1 200 元（900 份），期末赎回 1 800 元，收益 50%
A→C	投入三期，1 800 元（1200 份），期末赎回 3 600 元，收益 100%
A→D	投入四期，2 400 元（1400 份），期末赎回 2 800 元，收益 16.67%
A→E	投入六期，3 600 元（2300 份），期末赎回 4 600 元，收益 27.78%

从这个角度来看，相对于一次性买入，基金定投是一种投资策略。从定期的角度，相同的频率去购买，严格控制了投资纪律，避免了人为的追涨杀跌，也避免了在高点一次性买入很多的情况；从定额角度来看，每次都是用相同的金额去申购，在基金净值低的时候买入的份额多，在基金净值高的时候买入的份额少。

基于此，我们可以衍生出周定投、定期不定额、亏损补仓的一些技巧。营销目标客户，对基金有一定认识、前期套牢客户。

继续思维发散，很多朋友会问：基金定投虽好，可是不利于考核，而且基金定投营销时间太长；客户也会有疑惑，我亏损了几十万，一个月几千块的投入可以弥补我们前期的亏损吗？

这个时候，我们可以把基金定投定位成一种工具：一种客户试水基金投资的工具，增加我们跟客户黏性的工具。这个道理非常简单，我喜欢上一个女孩，可是我没有英俊的外表也没有显赫的家世，女孩看不上我，怎么办？侧翼进攻，无事献殷勤，有事没事跟女孩套近乎。今天帮她修电脑，明天请她看电影，后天请她吃吃苍蝇馆子，日久生情了！

客户一样，一个客户愿意在我们这里投入几十万元甚至上百万元，是需要一个信任感的建立过程的！这份信任感难道必须靠每年逢年过节的慰问吗？难道必须依靠饭桌上的应酬吗？有没有更好的手段呢？

基金定投，就是一个很好的工具，一个撬开陌生客户大门的随手礼，一个逐渐渗透客户的心的小工具。

我经常在我家楼下买体育彩票。这家店老板总是教我一些选号小窍门，后来他又开了一家干洗店，现在我们全家的衣服都在他家店里干洗了！这是一样的道理，客户投入不多，亏了就是个体验；赚了，皆大欢喜。

从这个角度而言，我们的目标客户就可以扩大为任何一位可能成为我行贵宾客户的客户，我们需要做的，只是善用基金定投这个有力工具去撬开其他业务的大门。

我们环顾四周，自己工作的机构并不是区域内的唯一金融机构。但是，再仔细想一想，隔壁的银行因没有基金代销资格，无法向客户推荐基金定投；同区域的兄弟行因为不太了解基金定投，所以不敢向客户进行推荐。

这就是我们的机会啊！“基金定投组合规划是我行面向 VIP 客户提供的尊享服务，只为特别的您量身打造！”“因为您在我行资产达到了 50 万元，所以我可以为您提供一项基金定投组合规划的附加服务！”“因为贵单位是我行集团客户，所以我可以为您和您的同事们提供一次基金定投免费讲座！”……要让客户感受到，因为他的身份、他的专业、他的影响力，所以我们才可以为他提供某些基金定投专属服务！

从这个角度，基金定投延伸出一种独特的服务。并不是产品营销，而是独有的、新颖的、有价值的附加服务。我们需要根据客户的具体情况，为您精心挑选、细心搭配基金定投产品组合，帮助客户学习如何根据市场波段走势进行定期不定额操作，或者如何开展周定投、日定投……

目标客户：目前已是贵宾客户或者在我行资产达到一定额度，没有什么好的投资渠道的客户。

宣传用语：尊享服务，只为特别的你。基金定投，我们更专业！

既然基金定投可以延伸成一种服务，那么当然，它也可以包装成一个产品！

什么？基金定投是一个产品？

不对啊，它明明只是一种投资方式。

不，基金定投当然可以从整体上包装为一款产品，一款类似零存整取、可以表达情感的银行专属产品。比如，

“亲子定投”——重在长期投资，跑赢通胀，可以按70%偏股型基金与30%债券型基金的比例进行搭配，构建产品组合。

“爱心定投”——献给老婆（老公），表达爱意，重在均衡投资，可以按50%偏股型基金与50%债券型基金的比例进行搭配，构建产品组合。

“孝心定投”——用于长辈养老金补充，重在安全，投资趋于保守，可以按30%偏股型基金与70%债券型基金的比例进行搭配，构建产品组合。

我们的营销点，也可以延伸为——

基金定投，表情达意，送礼佳品哦！

送情侣，爱情陪伴更持久！长期留存长期见证，这就是爱情的烙印！

送下属，下属干活更卖力！这份心意如此独特，这就是关爱的魔力！

送小孩，送爸妈，送同学，送亲友……可以延伸出很多很多……

有很多朋友可能会说，这不是忽悠吗？不就一个基金定投而已吗？不就是分批买入权当每日存点钱吗？有这么玄乎这么夸张吗？有延伸的必要吗？

我的回答是：有，而且非常有！

为什么？

因为基金定投给了我们一份希望！

而且很多人的实例已证明，基金定投，只要坚持，总会看到最美丽的风景！

这就是我今天想跟大家聊的主题：从水平思维去思考基金定投，从不同的角度对基金定投进行诠释。在后面的文章里，我们会从这种思维出发展开一系列文案设计。

AIDA 模式在基金定投中的运用

昌利国，中融基金成都营销中心总经理，巴蜀养基场发起人之一，曾任大成基金成都分公司总经理、大成基金西安分公司总经理。

AIDA 模式在基金定投中的运用

昌利国

在营销学里面，的确是有一些模板和套路的，常见的有爱达（AIDA）模型、迪伯达（DIPADA）模型、埃德帕（IDEPA）模型及费比（FABE）模型等。这些年随着互联网的兴起，AISAS 模型也开始流行。

今天我们先给大家介绍一款比较常用的销售模型——AIDA 模型（见图 2-8）。

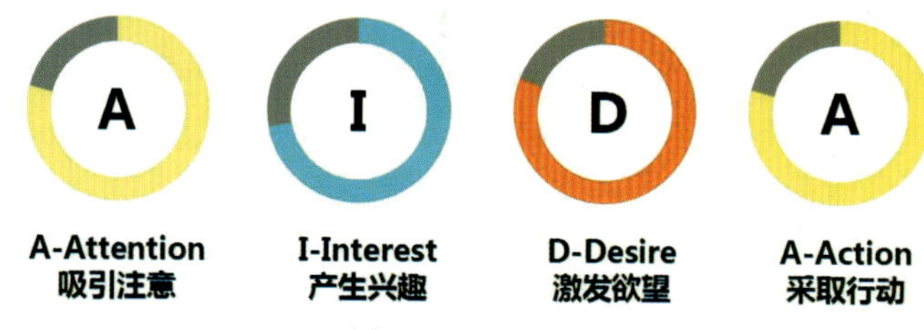

图 2-8 AIDA 模型

该模型适用于陌生新客户的开发，是由艾尔莫·里维斯在 1898 年首次提出。其基本观点是，销售经理对消费者的说服效果具有层级性，可以逐层划分为 A——吸引注意（Attention）、I——产生兴趣（Interest）、D——激发愿望（Desire）和 A——采取行动（Action）。

比如，一位客户为什么会来到我们网点，购买我们的基金、保险或黄金产品？

首先，这位客户的内心经历了四个层次的变化：我们有某种东西吸引了他的注意，引起了他的兴趣，激发了他的购买欲望，促使他采取了一系列的行动。

那么我们分别来看看，应该如何吸引客户的注意，引起客户的兴趣，激发客户的购买欲望，进而让客户购买？

首先，我们来看看“A-Attention”，注意力。

如何吸引客户的注意力呢？我归纳了一下，大致有三种方式（见图2-9）：

图2-9　吸引客户三种方式

第一种方式叫作“推出去，利用广告吸引”。

传统银行惯常使用的销售方式是“坐销”，由于过去客户多且零散，办理的业务相对简单，金融行业竞争没有现在这么激烈，客户往往会自己上门到网点办理业务，柜员坐在柜台里就可以实现业务拓展。

但现在，环境变了，营销理念也随之变化，我们的银行员工也需要走出去，主动开展“行销”。这就包括我们坐在办公室时，也需要用心去考虑如何把客户吸引过来，比如通过电话、短信、邮件、网络推广或者邀请客户参加沙龙等方式，吸引客户的关注和参与。

比如广告吸引，我们手中掌握的可以利用的工具有哪些呢？

我们可以给客户发短信（微信）、打电话、在朋友圈发广告，也可以组织小型的客户沙龙、厅堂沙龙。但大家更多的是在关注形式，又是否想过，我们这样做到底能否吸引客户的注意呢？

让我们来看一个例子。这是最近某国有大行的一位朋友发给我的迪士尼纪念套装的微信广告（见图2-10）。

图 2-10　微信营销页面截图

大家看到会不会觉得很亲切呢？

反正我看到这个短信的时候，它是没有吸引我的。

为什么？

因为它没有勾起我想要购买的欲望。他在自说自话。

那么假如我们换一种方式来说呢？比如：

“还记得儿时的梦吗？那是迪士尼在香港开园了！由于出境不方便，梦就始终都只是梦。现在，迪士尼终于在上海开园了，您有钱了，但却没了时间！您的小孩也有这样一个童话梦，梦想去迪士尼看米老鼠。小伙伴们都在分享迪士尼的好看好玩的东西，自己的爸爸妈妈却没有时间相陪。幸运的是，我行推出了一款纪念套餐，圆您足不出户就可以观看迪士尼全景的梦想，弥补您的遗憾……”

又比如，“616 元可以做什么？可能是您一个月的烟钱，一个月的车费，一个月的手机费……但您知道吗？ 616 元还可以承载一个孩子童年的梦想，一个关于迪士尼的梦。上海迪士尼开园了，我行正在热销迪士尼纪念册套餐，给小孩一个天真灿烂的梦……走亲访友必备佳品，非它莫属……”

这是在尝试通过情感共鸣来打动客户，激起客户的购买欲望。

换种说法可能会有所不同。

让我们再来看个例子。

前段时间，某基金公司发行了一款产品，其渠道经理向客户推送了这样一条短信：

“您搭乘的 XXXX 产品财富顺风车马上就要启程了，请还未上车的乘客，抓紧时间有序乘车，不要拥挤。”

试问，这样的营销短信会打动你吗？群发给你之后，你会给他回复吗？

被各式广告狂轰滥炸无数年的现代人，大多对广告有着极强的免疫力，他们也许会对娱乐的热点、时政的热点、八卦甚至秘闻感兴趣，但对广告，却往往近乎本能地直接屏蔽。

我们单纯地讲产品，比如我行正在热销一款基金 80%，是对客户没有任何吸引力可言的，无法唤醒客户，我们需要换一种方式。

一个标题、一条短信、一条微信……必须能在两三秒内切中受众的关注点，唤醒受众的注意力，同时让他们意识到，他们有可能从这些引起他们兴趣的事件中受益。

后来，在中韩足球对抗赛时，我们也跟随热点，编了一则推广短信，这比单纯地宣传产品更有吸引力。

Tips:

第一点：吸引注意力

就是说，我们在发短信、打电话、发朋友圈的时候，一定要能够迅速唤醒客户，聚焦他们的眼球，吸引他们的注意力。可以利用礼品、时事热点、身边好玩的事等引起他们的注意。

第二种方式叫作“吸进来，利用环境吸引”。

我们把有吸引力的内容推出去以后，感兴趣的客户会上门。

当客户进门之后，我们的网点要如何牢牢把握住这难得的机会呢？客户的目光首先会停留在哪里？被什么所吸引？我们接下来一起聊聊“吸进来”，也即网点布置的话题。

提笔写这段内容之前，我先出门走访了两家附近的银行网点。

我发现，无论网点是大是小，也无论网点属于大型国有银行还是区域性城市商业银行，我的目光无一例外都会很自然地被网点最上方滚动播放的 LED 显示屏、银行门口的横幅以及摆放的易拉宝所吸引。

那么，如果某段时间该银行网点主推基金定投的话，是不是可以借助 LED 屏、横幅、易拉宝等形式进行宣传呢？

其实，未必局限于基金定投。受监管规定限制，银行网点在宣传用语、宣传材料上未必能拥有很多自主权，但无论我们宣传什么内容，如果单纯地写上：我行现在正在热销 XX 产品……那么这和我们上一点所说的道理是一样的：这样的措辞唤醒不了客户的需求。

所以，我们要做好推广，首先要观察周边环境：我们这个网点处于什么样的位置？

比如网点周边以老年客户居多，或者目标客群是老年客户，那么 LED 屏文字可以显示：“基金定投是老人送给孙儿孙女最好的礼物，您想给孙儿一份特别的礼物吗？请关注 XX。”同时，在网点厅堂明显位置展示相应的横幅和易拉宝进行配套宣传。

再比如，网点附近都是新开发的住宅小区，年轻人较多，与网点想要传导的强制储蓄理念一致，那么我们的 LED 屏可以显示：“强制储蓄，好办法！”同样，辅以横幅和易拉宝配套展示。

客户进入我们网点之后，注意力会在哪里停留呢？

水牌、DM 单、公告栏、荧光板……一些股份制商业银行还有学习角、读书角等设施，这些都是我们进行网点布置的工具，需要充分利用。这里所说的“利用”，并不等于放几张折页就万事大吉了。

一份好的宣传设计，应该把所有可利用的东西都利用起来，相互配套使用。比如我们准备主推基金定投的强制储蓄功能，那我们就可以在水牌中用醒目的图文吸引客户注意，在客户触手可及的地方以DM单、折页等资料向客户展示详细内容，在学习角、读书角放一些相关的书籍和资料，供客户随手翻阅，了解为什么要强制储蓄。所有这些材料都需要精心设计，紧紧围绕基金定投这一个主题，突出重点，逻辑清晰，条理明确。

可惜，我们大多数的银行网点虽然意识到了宣传资料的重要性，但却缺乏整体规划和设计，通常要么是单纯摆放近期营销的产品资料（甚至还有仅仅列举了产品名称的手写体自制宣传页），赤裸裸地进行简单营销；要么是各种产品宣传材料（包括各种产品宣介材料和普遍意义上的投资者教育材料）堆砌一堂；要么是一溜烟排过去数个内容不一、色调不一、风格也不一的易拉宝，密密麻麻堆满所有空间。

换位思考一下，我们都知道，没有人愿意和强盗做生意，也没有人愿意接受一个一无所知还有风险的投资品。只有客户觉得自己对产品已经有了足够的了解，对相应的风险也能够把握了，或者说我们传导的理念已经深深植入他的脑海了，他才会打开心门，愿意接受、认可并考虑购买这个产品。

再比如，近年来，金融监管已经明确要求了银行网点必须设置专门的理财室或理财区域，许多条件比较好的网点还配有舒适的贵宾理财室。这也是我们需要精心布置的重点区域。

当一些大客户进入网点后，大堂经理会引导客户进入贵宾理财室。进门的一刹那，客户的目光会关注在哪里呢？办公桌、电脑、手机以及一些小物件。这些都是我们可以充分利用的道具。但是需要注意的是，物料的风格、色彩、属性等都需要与理财室的整体风格相协调，这往往需要经过专门的设计，比如从总行或省行统一设计的系列物料中选择合适的宣传品进行摆放，以免产生违和感，引起客户反感。

所以，总体上来说，“吸进来”的重点就是，我们想引导基金定投往哪个方向去定位，就应该把网点往哪个方向去布置。

第三种方式叫作“面对面，依靠沟通吸引”。

客户被吸引进来之后，我们会和客户面对面进行沟通，这时候能否促成交易，变潜在客户为真实客户，沟通技巧就非常关键了。那么，我们应该如何通过沟通来吸引客户呢？

在和客户沟通时，我们的双眼应该是注视着客户的。眼神不要躲闪，不要游离，不要畏惧心虚不敢看客户。在向客户推荐产品时，应该很真诚地注视客户，并且多提问题，多听客户去说，从客户的话语中触摸他的想法，了解他的担忧，并进行分析和佐证。我们的证物可以用案例，有人证也有物证。

至此，我们讲完了第一部分：Attention，吸引注意力。就像到电影院看电影一样，我们看到了海报宣传，火爆的画面和性感的女郎成功吸引了我们的注意，于是我们走进了观影场。但接下来，看了五分钟之后，我们感觉这部电影实在不好看，于是一部分人起身就走了。

因此，接下来我们要解决如何将被吸引进来的注意力转变为真正的兴趣的问题，也就是“I–Interest”。我们已经通过环境的渲染、煽动性的短信和极富感染力的沟通，成功引起客户的注意，让客户感觉到，基金定投这个东西有点意思！那么如何从有点意思到引起兴趣呢？

我在这里提供了四种办法（见图 2-11）。

在展开分析四种方式之前，我们还是得先明确，我们究竟想把基金定投定位成什么？

图 2-11　引发兴趣的四种方式

我们是把它当作一个非常好的礼品，还是一个投资工具，或者是一种强制储蓄的理念？

第一种方式是对比展示。

如果我们把基金定投当作一个很好的礼品，那么在对比展示的时候，可以把 300 元的定投和 300 元的礼品做对比。

比如，老人隔三岔五就花几十上百元给孙子买小礼物、小玩具，可能玩两天，孙子就忘记了，很多相似的昂贵玩具重复购买，对小孩的成长也起不到什么帮助作用，反而导致家里遍地玩具，小孩养坏了习惯。但是如果老人用一百元为孙子开一户基金定投，既表达了关爱，又可以长期持续地陪伴孙子成长，还可以作为辅助小孩财商教育的道具，百利而无一害。通过对比，让客户感觉到基金定投的好处。

第二种方式是工具测算。

我们可以选择某只自己比较看好的基金产品，列出一个表格，算算一次性投入和月定投、周定投乃至日定投的收益究竟如何，与上证指数、沪深 300 指数等参照数据做一个对比，展示给客户看。

比如，给缺乏金融常识的爷爷奶奶们用测算工具算一笔账：今天给孙子一百元零花钱，明天又给一百玩具奖励，这样不仅不会给孙子留下什么，反而会让他们养成乱花钱、随时伸手要钱的坏习惯。而如果改成月定投，看看投资多长时间会有什么样的结果，改成周定投又会是什么效果，再换为日定投又如何……可以用直观的对比图、对比表格等形式让客户有个清晰明了的图文感受，并且让客户知道，理财经理不是信口开河在向他们虚假营销，我们的每一句话都是经过专业的金融分析和严密的数据验证，从而提升理财经理在客户眼中的专业度和可信任度。

第三种方式是亲身体验法。

很简单，就是现身说法，告诉客户，我自己也做了。这点很简单，不在此赘述。

第四种方式是情感沟通法。

著名哲学家马丁·布贝尔在其1923年出版的《我与你》一书中说，人与人之间就是一种“我”与“你”的对话关系，而对话的实质，实际上就是人与人之间在精神上的相通，也就是我们所说的情感沟通。我们往往会在与孩子的沟通时比较注意情感交流，事实上，成年人之间的交往更应如此，尤其是在与陌生客户初次交流时，更需注意语言技巧。

比如提问，我们可以选择开放式的询问（open-ended question），也可以设计封闭式的问题（close-ended question）。所谓开放式，就是以“什么”“怎么样”“为什么”等没有选项的词来发起询问，比如：“请问您办理什么业务？”这类问题是没有选项的，更能获得客户自发提供的信息，但是，如果它没有建立在一种良好的友善的咨询关系基础上的话，就容易让客户产生一种被质询、被窥探的感觉，进而产生抵触情绪。在生活中，我们常看到一些客户逛商场时很不喜欢被导购人员询问“您想买点什么”之类的问题，且习惯性地回答“我只随便看看”等情形，便是心理抵触的例证。

另一种相对应的方式是设计封闭式问题，以“有没有”“是不是”“好吗”等词进行提问，比如“请问您之前在我行购买过理财产品吗？”“我请专业理财师为您介绍一下这款产品好吗？”这样的问题有“是”或“否”的唯一答案，范围比较小，更适合用于引导客户的思路、需求或表示赞同，从而确保沟通更接近主题，条理清晰。但这样的询问同样有可能因为压制了客户自我表达的愿望和积极性，而让客户感到不舒服。

更为理想的方式是，将封闭式询问和开放式询问结合起来，从一些客户可能感兴趣的领域，设计一些简单的话题，以提问的方式打开僵局，并在客户回答时注意倾听和响应。在话题的发掘上，我们给大家提供了一些小模板，我称之为JULIE法则（见图2-12）。

提问的JULIE法则

JOB：您是从事什么工作的？

USE：平时有买过理财产品吗？

LIFE：您喜欢什么样的生活状态？

INTERESTING：您平时有什么样的爱好呢？

Experience：您平时做过哪些投资呢？收益如何？

图2-12　提问的JULIE法则

首先是J，Job，工作。不知道与客户聊什么的时候，可以考虑聊聊工作。比如，您从事什么工作？平时对金融有了解吗？

然后是U，Use，使用。比如，您买过理财产品吗？身边有朋友接触过吗？

接下来是L，Life，生活。您平时生活中喜欢做什么？您喜欢什么样的生活？

再接下来是 I，Intersting，兴趣爱好。比如：您有什么样的兴趣爱好？通过询问爱好，迅速拉进与客户的距离，消除陌生感。

最后是 E，Experience，经历。比如：您做过什么样的投资？

通过这些提问和沟通，我们可以对客户进行一个初步的分类和画像。比如客户如果从事 IT 行业，工作压力很大，没买过理财产品，只在银行存一些定期存款，偶尔买点余额宝，喜欢简单的生活，喜欢旅游和摄影，没有多少投资经验，那么，理财经理就可以迅速在头脑中勾画出一个适合这类客户的方案，比如："IT 行业比较忙，压力又大，您平时没有时间理财的话，可以考虑从工资中提出一小部分做基金定投，当成强制储蓄，也可以达到为未来谋划的目的。"

当然，在询问的过程中，有一些要点是需要注意的，比如：

●应在感受到信任后才开始提问

●先从简单易答的问题开始

●不要先入为主

●当客户表达时，应表现出自己在积极倾听，并善用认同、肯定及赞美，鼓励客户多说

●需将整个提问和探访融入沟通中，不要有质问的感觉

●问题要有逻辑，不要跳来跳去，引起客户厌烦

●对错、好坏、代价和价值都尽量由客户自己说出

●尽量将客户付出的代价和可能获得的价值量化

●出现分歧时，弱化处理，不要对抗

在成功引起客户兴趣之后，接下来，就该考虑第三步，“D-Desire”，如何激起购买欲望了。

我们先来看看影响客户购买的六大因素（见图 2-13）。

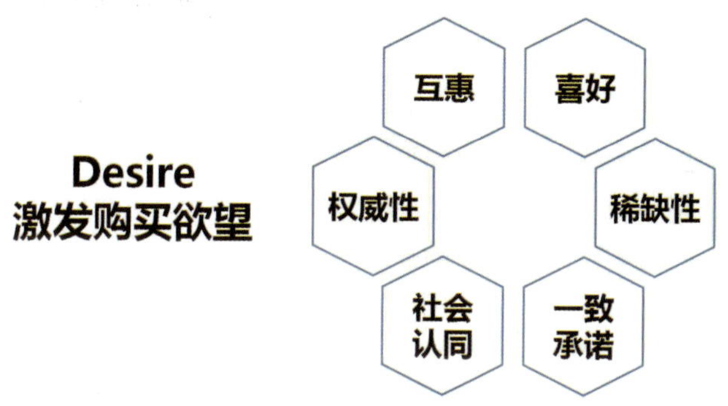

图 2-13　影响客户购买的六大因素

其一，互惠。这属于事前铺垫，比如经常去小区附近开展活动，或者当客户到网点时送他一些小礼物等，基于互惠的请求，让他们随手办一些简单业务，比如定投开户。

其二，喜好。在与客户交谈过程中，发现彼此的共同点，比如同住一个小区，小孩同在一个学校，同去过一个冷门的地方旅游过等。俗话说，人以群分，每个人都喜欢跟自己有相似性的朋友交流，对跟自己有共同点的人更容易亲近。有了这份亲近的基础，促进销售也就相对简单起来。

其三，保持承诺的一致性，即“言必信，行必果”。这同样属于事前铺垫范畴，比如之前与客户通过电话、短信、微信、面对面等形式有过跟踪交流，对曾允诺的事情必须进行兑现，不可视为戏言。

其四，稀缺性。比如为客户分析市场，认为目前时点比较合适，或者某产品仅开放一两天，资源稀缺，错过了就不再有，等等。

其五，权威。比如某产品获得行业权威评价，或者某专家、某行长、与客户同住一个社区更有影响力或号召力的某某推荐购买等。

其六，社会认同。比如身边人的佐证，某某的妈妈买了，隔壁邻居也买了，等等，塑造社会认同感。

认真说起来，这些原理其实并不复杂，只不过我们在日常工作中，未必能清晰明了地梳理出来，成为指导自己营销推广工作的工具罢了。在应用第五、第六项的过程中，需要注意的是，应征得其他客户本人的同意，并留心不要泄露其他客户的私密信息。其间的度有时候并不是非常容易把握，还需要大家多加留意。

前面的三个步骤完成之后，我们来到最后一步：ACTION，行动（见图 2–14）。简单而言，就是下单了！

图 2–14　采取行动

这一部分，我们来关注三个方面。

第一：异议处理。

我在这里给大家介绍一个套路，叫作 LSCP 原则（见图 2-15）。

图 2–15　LSCP 原则

● **L—Listen，听。**这里教大家几句常用的模板："您说的都有道理"、"您关于基金定投的XX很有意思"、"麻烦您能再说一遍吗"。

● **S—Share，同理心。**感同身受，让客户感觉到他的担忧我知道。常用的话术："我也有同样的感受"、"我知道您内心的担忧"、"很多客户都有您这样的担忧"。

● **C—Clarify，确认，澄清。**把客户的问题范围缩小。基本话术："如果我没理解错"，"您的意思是"、"我是不是可以这样理解"、"您是否担心这个？"缩小把客户问题的包围圈。

● **P—Present，给出方案。**了解客户想法和异议之后，给出我们的方案和措施。基本话术："我有一个想法，您看怎么样……"、"关于您担心定投的盈利问题，我有一个小的建议……"、"关于您说定投每个月扣款时间，是否能这样……"。

解决完异议处理之后，我们进入**第二步，识别购买信号。**

以前说波斯人会做生意，能从人眼睛瞳孔的放大来判断该如何定价。我们在与客户面对面地交流的时候，也可以通过三个方面来鉴别客户的购买信号：

● **面部表情：**客户拿起定投宣传单张仔细地看了、开始拿出手机查相关资讯了、拿出电话打给自己朋友询问了，等等；

● **语气语调：**语气没有那么强势，开始软化询问定投相关细节了；

● **交谈气氛：**语气变得友好，态度改变了，交谈气氛轻松了。

这都是客户在释放购买信号，我们要能迅速地捕捉到（见图2-16）。

识别购买信号
面部表情
语气语调
交谈气氛
拿起宣传册
身体向前倾
开始查询
打电话问朋友
询问产品相关问题
语气变得诚恳
语气友好了
态度改变了
交谈气氛轻松了

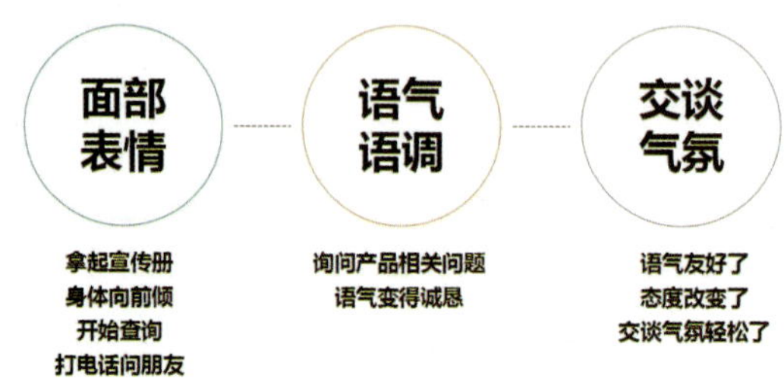

图 2-16　识别购买信号

到下单时候，我们也给大家提供**7 种成交手法（见图 2-17）**，大家可以根据当时的实际情况灵活使用，7 种手法也可以相互搭配，促进成交。

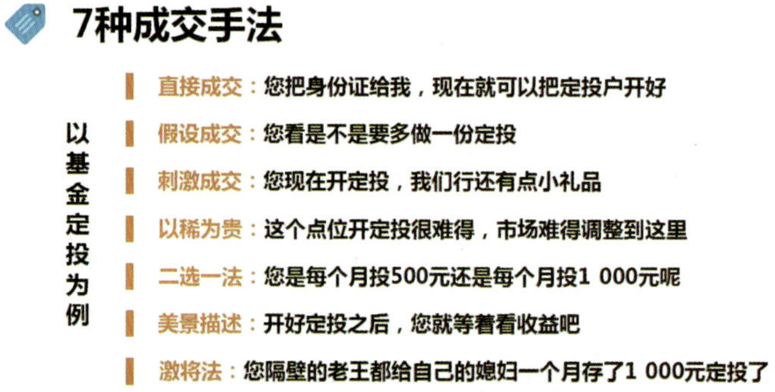

7种成交手法
以基金定投为例
直接成交：您把身份证给我，现在就可以把定投户开好
假设成交：您看是不是要多做一份定投
刺激成交：您现在开定投，我们行还有点小礼品
以稀为贵：这个点位开定投很难得，市场难得调整到这里
二选一法：您是每个月投500元还是每个月投1 000元呢
美景描述：开好定投之后，您就等着看收益吧
激将法：您隔壁的老王都给自己的媳妇一个月存了1 000元定投了

图 2-17　七种成交手法

一气呵成做完之后，不要吝啬赞美客户几句。让客户感觉到开定投是自己明智的选择，在沟通中占据了上风的。有些小玩意也可以随时送给客户，让客户有一个非常好的购买体验。

Tips:

AIDA 模式，是一种比较古老但是比较实用的套路，适合陌生客户的开发。中间有很多套路的工具，希望大家可以认真思考、灵活运用。

如何开展基金定投沙龙更打动人

昌利国，中融基金成都营销中心总经理，巴蜀养基场发起人之一，曾任大成基金成都分公司总经理、大成基金西安分公司总经理。

如何开展基金定投沙龙更打动人

昌利国

目前沙龙营销、会议营销包括厅堂的微沙龙成了我们拓展客户的利器，可是有很多朋友把客户邀请来了之后，站在台上不知道怎么开口，有的基本对着材料照本宣科，发现辛辛苦苦筹备的一次沙龙，做完之后，效果非常差。下次再邀请客户，客户就不来参与了。由此恶性循环，不仅没有达到维护老客户、开拓新客户的目的，反而导致了部分高净值客户的流失。今天我们就以医院场景为例，与大家聊聊如何开展个人客户沙龙活动的问题。

比如，我们假定是，客户经理走进医院，推荐基金定投。

一、演讲前准备

我们在开始沙龙演讲之前，首先要弄明白我们的听众是谁，他们对什么内容更感兴趣，我应该如何清晰有力地表达观点，才能激起与听众的共鸣。

1. 我们的听众是谁?

我们听众是医院的工作人员，比如医生、护士。

2. 我们此行的目的是什么?

像听众推荐基金定投的投资方法，努力促成交易。

3. 为了让他们选择定投，他们需要知道些什么？感觉到什么？

知道：基金定投是最适合他们的投资方式之一。

感觉：开始基金定投的紧迫性和必要性。

4. 他们为什么需要在乎我们讲的内容?

（1）财务安全：不能忙得没有时间理财。基金定投最适合没有时间人关注投资的人群。

（2）社会属性：一把手术刀帮助了病人，并没有照顾好家人。

（3）用一句话表达我们演讲的主题：做一份定投，多一份淡定，少一份揪心。

二、演讲的主体设计

我们在进行演讲主体设计时候，一般要牢记三个词“虎头、猪肚、凤尾”。

虎头

就是有一个气势强大、具有足够吸引力的开场白，最忌讳说废话、说套话。一个好的开场，应在三句话以内便营造出悬念，调动起气氛，吸引到观众的注意力。

猪肚

就是中间部分要大，但是不拖沓，多讲妙趣横生的精彩故事，少说废话。

凤尾

华丽的结尾，让观众看到高高翘起的尾巴，产生深刻的印象。

【虎头——如何开场】

在开场时候，要能迅速地拉近我们与听众的距离。比如，我们目前面对的对象是医护人员，那么，我们可以尝试幽默诙谐的开场白，甚至以自嘲的语言调动气势，从而无线中迅速消减与听众之间的陌生感。

示例一：

白大褂是你们守护的荣耀，红 K 线是我们追逐的目标。

各位医生都是我最敬畏的人：小的时候不听话，妈妈总是吓唬我，再不乖送你去医院打针；长大了，最害怕的就是去医院，因为去就代表着伤感和别离。甚至有些闺蜜跟我讲，如果不是生小孩，我宁愿一辈子不来医院。可是当我病痛难忍，当我午夜抱恙，我还是第一时间会想到医生，看到穿白大褂医生的那一刻，我的心才踏实。因为白大褂象征着专业、职业、踏实和安全。

我想到这跟我们资本市场是多么的类似，总是看着身边的人在股票市场暴富，实现财务自由，自己冲进去就亏得一塌糊涂。连伟大的投资大师彼特·林奇都说："当牙医也开始炒股的时候，那就是市场的高点了！"

每当你们看到满屏的红 K 线，听到周围朋友不停谈论股市的时候，你们的心也是怦然心动。可是，你们太忙了！忙得连上厕所的时间都没有，你们拿着听诊器可以听清楚患者的心跳，可是你们没时间摸清楚投资的门道；你们一把手术刀可以切掉坏死的细胞，可是不知道手上留的怎么都是跌停的股票；你们熟悉使用 CT 扫描仪，可以扫出患者隐藏的病症，可是却摸不透投资的奥妙。

今天，我想给各位医护朋友介绍一种最适合我们的投资方式——基金定投。

拉近与听众的距离，也可以采用真诚赞扬的方式。医护人员是一个思维活跃敏捷的群体，适度的赞扬可以让他们感受到你的重视与关注，从而产生共情。

示例二：

你们增加生命的长度，我们增加生命的宽度

非常高兴见到各位朋友，当我站在这个台上，我感觉特别的亲切。因为我们都是在为生命服务，你们在增加生命的长度，而我们在增加生命的宽度。你们让人们活得更久，我们让人们活得更好。赵本山说：人生最痛苦的事情莫过于，人活着，钱没了。这居然是一句笑话，但却多少道出了缺乏投资理念的人生背后的一丝辛酸。

今天，我跟大家聊聊，活着怎么更好地赚钱这件事。

开场的方式还有很多，我们不一一列举。但在开场的时候，有一些细节可以起到非常好的辅助作用，比如

1. 以你（你们）开头，更有气场

2. 运用数据开头，更显专业。

范例：

根据国家统计局 2016 年城镇非私营单位在岗职工分行业平均工资数据显示，医生平均工资 80 826 元，远低于金融业 117 418 元和 IT 行业 122 478 元，只稍稍高于全部 19 个行业平均工资 67 569 元。可是医生培养大多需要 5 年本科 +3 年硕士 +3 年博士，基本到 35 岁才能正式上班领工资。那我们该怎么在没有时间、没有大额储蓄的前提下理财呢？今天我给大家介绍一种目前最流行的投资方式——基金定投。

3. 坦白

范例：

医生一直是我心目中是最好职业，据说上海的丈母娘心中最佳女婿职业就是医生。可是，我在百度搜索了“医生”，搜索结果不少是关于，医生生活的各种艰辛与不易。我认真看了看，学医的历程是非常辛苦的，学医本科 5 年，学费是别的专业的两倍，硕士还要读三年，再加不带工资读博士三年。参加工作之后，从早到晚，鲜有娱乐。但是，你们心中装的是

患者，心中存的是救死扶伤的信念，你们默默地坚持着，哪怕经常发生医患矛盾，也很少看见医生发声，因为你们实在是太忙、太累，回到家只想安静地陪陪家人。

作为银行的一名理财经理，我一直在问自己，我能为你们提供什么样的服务？经过深思熟虑，今天我花 15 分钟时间给大家介绍一种最适合你们投资方式——基金定投。

4. 讲述故事

范例：

我有一个远方的亲戚是一名老中医，每次身体有什么不舒服总是会去找她开药方，每次她都不收我的钱，总是等病人走后，悄悄地给我一张单子，单子上记载的是她买了几年的基金，全部本金投入 20 万，目前亏得只有 15 万，总是希望我能给她一些回本的建议。每次看到白发苍苍的老人，我心里五味杂陈，百感交集，深感金融从业者真的是一个良心行业，我们任何一次路演，任何一次不负责的推荐，可能会影响很多人半辈子。今天到这里来之前，我慎重再慎重，筛选出一种最适合医护人员投资的方式——基金定投。

【猪肚——如何讲述基金定投】

在进行主题演讲方面，基金定投的知识大家都非常熟悉了，我不在这里赘述，只是跟大家简单地提一提，我们主题分享一个结构问题。

在用了一个吸引人的开头之后，我们进入了主题。在讲解基金定投时候，我们需要让听众对我们整个演讲有一个大概的了解。一般而言，我们会使用一种常用的演讲技巧——“桩子理论”。

【桩子理论】

来源于海边的渔民，我们知道很多渔民在撒网捕鱼的时候，会把渔网的一头拴在木桩上，这样不管网撒得多开，最后很容易聚拢。这也成为我们常用的一种演讲技巧。“桩子”一般主要分为三种：时间桩子、环球桩子、递进桩子。

时间桩子

演讲是以时间顺序展开。一般而言，两点成线，三点成面。写总结，做演讲一般讲三点，时间桩子例子很多：去年、今年、明年，一季度、二季度、三季度，等等。

范例一：

当我刚参加工作的时候，我每个月定投 500 元，目的是强制储蓄；

在我工作 2 年之后，有了一定积蓄，我每月追加定投到 5 000 元；

目前我成家了，有了小孩，开支大了，我每月定投 3 000 元。

范例二：

2014 年牛市起点时我对定投是排斥的，因为我发现净值涨得太慢；

2015 年下半年股灾后，我亏得一塌糊涂，我惊讶地发现，一直坚持做定投的 XX 竟然没受伤；

从 2016 年熔断开始，我就坚持每天定投。

环球桩子

演讲是以地点展开的。

比如你问：昌，你的校园生活是怎么过的？我答：网吧、KTV、溜冰场。这三个地点的词语让你觉得我肯定不是什么好学生。

如果我回答：教室、寝室、食堂。这三个地点的词语会让你觉得我应该是个学霸，大学生活“三点一线”，人比较简单。

因此，我可以这样表达基金定投成为了大众普遍接受和认可的一种投资方式：

范例一：

我乘地铁时候，听到身边的朋友在聊基金定投；

我坐出租车，也听到出租车广播在插播基金定投的资讯；

连我坐飞机，都惊讶地看到飞机宣传册上有基金定投的广告；

范例二：

互联网口碑传播太快，

回母校参加校庆，有校友问我该如何基金定投；

参加朋友聚会，朋友问我该如何做基金定投；

回老家探亲，舅舅都在问我一个月做多少定投合适。

递进桩子

演讲层层递进地展开，采用首先、其次、最后；第一、第二、第三等表示循序的词语。

范例：

我们开始做基金定投，需要明确三个问题：

第一，明确投资目标。

第二，明确投资期限。

第三，明确风险偏好。

具体内容这里不展开叙述，但请大家注意一点，在利用桩子理论时候，要注意三者之间隔离，时间、地点不应重合或交叉。

【凤尾——如何收场】

最后收场，需要引起听众的情感共鸣，最后收场，需要引起听众的情感共鸣，从与听众相关的经历、愿望、兴趣、理想等具有趋同可能性的角度，去创造一种与听众情感互动的氛围，进而叩开听众的心扉。听众感同身受，我们作为结尾点题的观点自然就更容易被听众接受与认可。这时候，对比、反问、想象、描绘……都是可以借用的手法。

例如：

你是医院的特殊人才，一把手术刀帮助了患者、征服了同行，但你该拿什么照顾你的爱人、帮助你的家庭？做一份定投，多一份淡定，多一份闲适。

你是可爱的白衣天使，你把时间献给了病人、献给了医疗事业，但又有谁能帮你陪伴你的家人、你的亲人？做一份定投，多一份照顾，多一份用心。

除了相似的经历、美好的愿望以外，尴尬的困境、哭笑不得的窘迫……等等，也往往可以起到引起情感共鸣的作用。大家可以在日常生活中多收集、多整理，面对特定的听众群体，发散式地去寻找自己和听众之间可能产生共同语言的领域和内容，结合多种手法，融入真情实感，勇敢地多做尝试。庖丁为文惠君解牛的秘诀，也不过一句“无他，唯手熟尔”，大家多思考、多尝试、多总结，慢慢熟能生巧，也就可以达到得心应手的境界了。

范例：

你是医院特殊人才，你用一把手术刀医治了患者、征服了同行，但你可以拿什么征服你的爱人、你的家人？做一份定投，多一份淡定，多一份闲适。

演讲总体的结构设计

1．经典叙事结构：总——分——总

先提出开头，再分段讲解，接着提问，最后再总结。

2．每个环节结束后提问方式

总——分（1）问答；（2）问答；（3）问答）——总

你看完之后，如果有想法，可以写一篇沙龙演讲稿哦！

来，干一场轰轰烈烈的定投运动战

万　幸，鹏华基金华南营销中心渠道主管，巴蜀养基场发起人之一，第一财经和RFP中国中心评选2017年中国百佳理财师，北大光华MBA在读。

来，干一场轰轰烈烈的定投运动战

万 幸

定投到底是该润物细无声，持续地营销客户还是可以集中力量办大事，来一场轰轰烈烈的运动战呢？这就涉及究竟该以怎样的高度和力度来卖定投的问题。第一个问题，集中做大定投客户，就一定会导致客户断供吗？而第二个问题，则是如何干仗的问题，即如何把定投这一个小工具、定投业务这一个小业务做得花样百出？第三个问题是，如何处理定投营销与后续服务的关系？接下来我们就来一一探讨。

在开始这些问题之前，我们需要追说明一下，回到问题的本源，那就是为什么要卖定投。

第一，我想大家可能想到的原因是这是工作之一，这是任务。

第二，认为定是真的好，想分享给客户。

可能还有第三点，而这一点，正是我理解的最能成为做大定投，上升到更高的高度卖定投的核心，那就是卖定投绝不仅仅是为了卖定投。通过卖定增强客户黏性才是我们大卖定投的核心原因。

关于这点，在我脑海中冒出了无数个词：明修栈道，暗度陈仓；曲径通幽；曲线救国；等等。但为什么是定投这个家伙被推举出来担纲这么重要的角色呢？无疑，确实是跟它自身的特殊优势是分不开。定投大小通吃，非一锤子买卖；跌赚份额，涨赚收益；等等。这些优势，决定了它是适合大、中、小客户都来参与的方式。

小客户用定投来投资，中客户用客户来进行配置，大客户用定投来进行体验。而客户也都是动态的，小客户可以变成中客户，中客户也可能变成大客户。所以，“开始定投才是定投业务的开始”的第一层意思就是卖定投的目的可不仅仅是为了卖定投，把定投做成一个入口，不断地往里面装资产配置的品种。有了这样的认识，我们就回到我们要探讨的第一个核心问题：定投运动战到底要不要得？

我的答案：要得且必须。我是站在两个角度来看这个问题的。

一个是客户的角度：认识到与做到之间有一条巨大的鸿沟。这条鸿沟的名字叫实践！不管我们给客户做了多少场培训，但他没有做定投，都是没有意义的。

一个是银行的角度：量大了才能引起银行的重视，争取到更多的资源，做到更好的服务。

所以，当我们认识到了定投的好处与卖定投的意义，决定要去卖定投了，特别是在初期定投客户还比较少时，我们是需要整合一切能够整合的资源，取得行内的最大支持，联动起来快速做大定投客户。只有如此，刚才说的挖掘定投背后的价值，把定投做成入口才能够落地。

但在我们的印象中，好像历史上的数次大规模的做定投最终都没有取得太傲人的成绩，因为绝大多数集中做的大量定投都发生了断供。大量发展定投业务就一定会导致发展的客户产生断供吗？问题究竟出在哪呢？

我们现在仔细地回忆一下，究竟是什么造成了客户的断供。

我对其进行了总结，归结起来主要有两点。一是大力发展之时的合谋，主动让其断供。本来之前一天开几百上千户的方式方法就来自于投机，其目的不一而足：为了重压任务下的反弹，为了基金公司的配套政策，等等。二是客户主动选择断供。当一个客户时隔数月，突然想起自己还有一个作做定投的投资工具，打开账户一看，还亏损了 20% 时，当场在网银或到网点选择定投解绑。而造成这一结果的核心就是定投营销之后缺少必要的预期管理和售后服务。

这也是我所说的“开始定投才是定投业务的开始”的第二层意思，即定投的售后服务比卖定投更加重要。当客户已经开始定投之后，再慢慢培训客户，把客户培育工作移植到卖了定投之后，是卖定投并且做到定投不断供的方式方法。

上面说了这么多，一直在谈思想和方向的问题。因为思想问题不解决，解决不了战斗力的问题；方向问题不解决，解决不了执行力的问题。有了思想和方向，大家都认同了，就可以干一场轰轰烈烈的定投运动战了。用四个字加以概括，就是：整合营销。那么具体要整合什么呢？

一、整合人

人包括支行零售领导、网点主任、高柜、低柜、理财、大堂等。

在实践中，我也总是认为，理念必须上下一致，目标上下打通，再得到方式方法，才能做成事。所以，打仗的前提是我们必须有一个齐心协力的团队，咱们理财经理为了之后的工作越做越顺畅，必须整合人力资源，通过不断向领导、同事分享定投本身的价值和背后的价值，达到一起为了同一个目标，劲往一处使的局面。

二、整合物

物包括网点的所有陈列，台卡、海报、LED 屏、贵宾区电视等。当然，所有这些材料怎样才能做到简单、有效，也是很有讲究的。大家也可以借助第三方基金公司的力量进行完善，因为篇幅关系，这里就不深入探讨了。

三、整合营销方法——“晒、筛、说、铺、主动出击”

对于整合营销的方法，我总结了八个字——“晒、筛、说、铺、主动出击”。怎么理解这八个字呢？

1. 晒——体验式营销

晒什么呢？我们坚信对于体验式营销，在定投经得起推敲和见证的情况下，自己认可做定投其实是第一步，而晒出来则是更重要的一步。晒既可以是晒自己的定投结果，也可以是晒自己客户的定投结果。当然，这个晒可以是有形的，即把定投结果晒在朋友圈或打印出来做成类似于台卡的形式拿给客户看；也可以是无形的，即主动将定投的体验或其他客户定投的体验与潜在客户分享。自己将定投当成一种投资方式，更容易向大客户和其他潜在客户做正向传递。定投营销，从体验式营销开始。

2. 筛——把重要的梳理客户的工作做了

因为有了载体，明白了梳理客户马上就有的用途，就不再觉得这件事可有可无或可以搁置了。通过梳理，我们可以把客户分成大、中、小型客户，然后根据风险承受能力可以继续将客户分成低风险承受能力客户，较高风险承受能力客户、高风险承受能力客户，这里面又有做基金盈利的、亏损的和未做过基金投资的；但不管哪一种客户，在投资或配置中或许都能找到其需要一份定投的理由，所以可以根据客户分类设计不同的话术及建议其定投不同的比例。

3. 说——差异化优势

说什么呢？借助工具和展示，说数据，说自己或其他客户的体验，又或者最后只是对自己维护得非常好的客户直截了当地说“定投真的非常好，我帮你做一份。”像前文说的那样，根据对客户的把控程度尽量把卖定投的过程压缩，把服务和观念的植入过程放到他已成功做定投之后。

4. 铺——整合资源传播模式

刚才说的整合物就有了作用，利用好网点的黑（白）展板、台卡、海报栏、LED 屏、CRM 系统，将定投多维度展示方式全面铺开，借力打力，整合营销，达到人、物、网点的联动式营销，最后实现客户主动找我们的目的。

5. 主动出击——以效率取胜，不留遗憾

不管是通过筛选，锁定出的潜在客户还是通过铺开，主动找寻过来的客户，都需要我们以积极的心态“主动”出击。即我们不仅仅把每一个潜在客户的沟通过程当做试炼，而是通过自己充分的准备和以上所有的铺垫工作，站在客户的角度利用自己的专业真诚相待，以效率取胜，不留遗憾。

通过思考要不要大做，解决思想和方向问题；通过整合营销解决如何做大的问题，最终我们能够取得的效果一定会比自己单兵作战、毫无计划地去卖定投的效果好很多。最后，我也需要补充一点，就是运动战的目的是扩大定投客户基础，但它并不是让大家一劳永逸，日常的定投营销在有了基础之后依然需要持续地做下去。

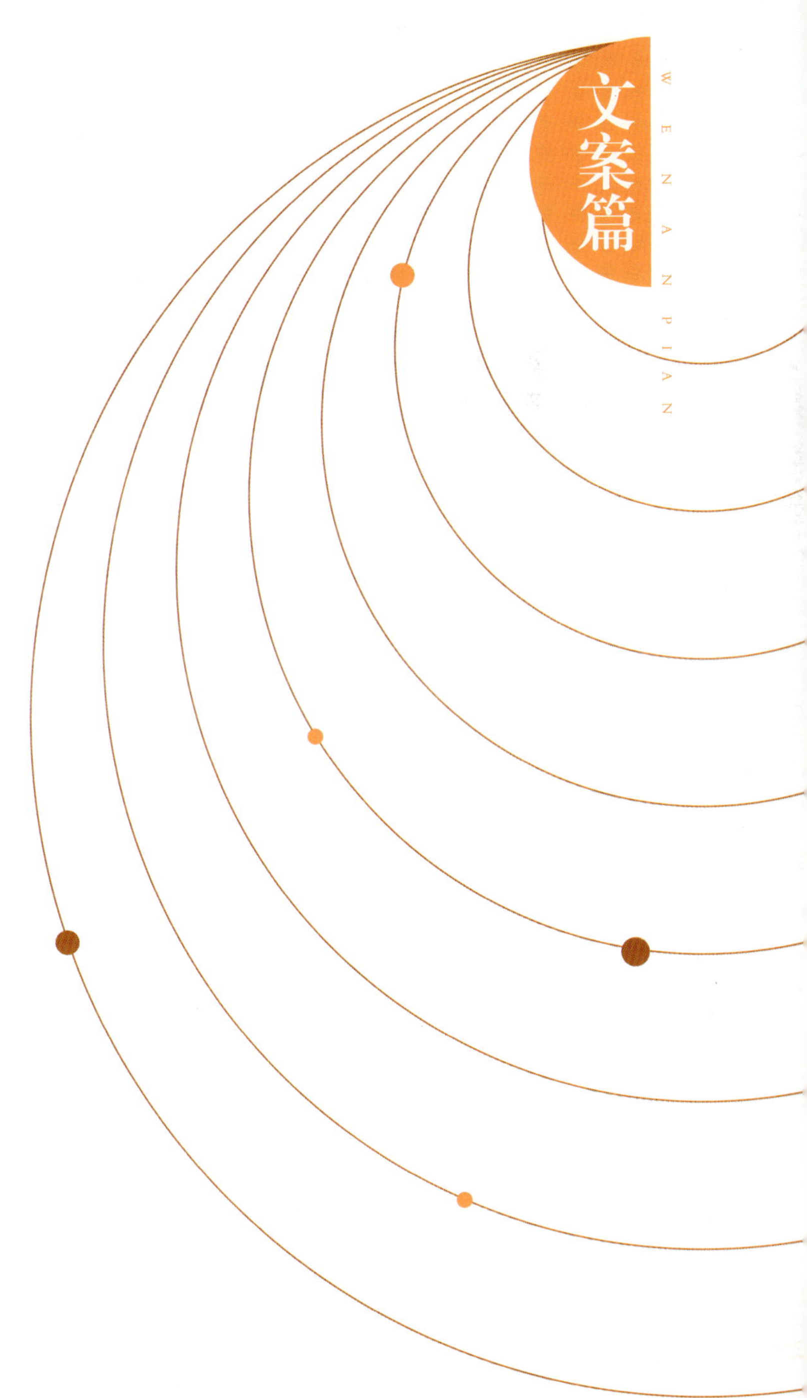
文案篇
WENANPIAN

6.1 儿童节，送你 10 个走心的“亲子定投”文案

昌利国，中融基金成都营销中心总经理，巴蜀养基场发起人之一，曾任大成基金成都分公司总经理、大成基金西安分公司总经理。

6·1儿童节，送你10个走心的“亲子定投”文案

昌利国

一位银行工作的朋友请我给她写几个定投的文案。接到她的电话的时候，我正带着我4岁的女儿在公园里玩。由于我平时工作忙，女儿都是外公外婆在带，我们就周末见一见，我内心总是觉得亏欠，所以每次见她，总是给她买很多的玩具和零食。时间长了她对玩具和零食免疫力的逐渐加强，见到新玩具变不在像过去那般欣喜了，倒是更喜欢跟我在一起打打闹闹。

进而我想到目前我们推；基金定投都是在打着“强制储蓄、平滑风险、聚沙成塔、点滴成金”等传统旗子，在推广时候也往往以推荐“亲子定投、养老定投”等组合为主。这都是一种恐惧思维的模式在宣传，主打还是“财务安全”——通过分析未来需要多少钱，你目前能赚多少钱，中间有多少缺口，你有什么样的投资渠道，最后得出结论：人生需要几份定投。对于基金定投的宣传文案上升到社交层面的还比较稀缺（比如陪伴、关怀和爱）。

她不缺玩具不缺爱
缺一份未来的陪伴

为了帮助大家更走心地创作定投文案，我再此写了几组针对6·1儿童节的“亲子定投”宣传语供大家讨论和交流。

诠释：现在的小孩很幸福，不缺玩具也不缺关爱，缺的是一份陪伴。父母忙，没时间陪他们长大，长大后，怎么知道父母对他们是不是用心？

而亲子定投可以是一个见证，也可以是玩具的替代品。拿每个月买玩具的钱给孩子做一份亲子定投，陪他们一起长大。

陪伴是最长情的告白
定投是最持久的陪伴

诠释： 强调定投的持续性，长期投资。

陪她长大的不仅有你
还有我——亲子定投

诠释： 一样的道理，把“定投”拟人化。用定投的视角来诉说：陪女儿长大的，不仅仅是你们做父母的，还有我——亲子定投。

慢慢长大的不仅是她
还有我——亲子定投

诠释： 孩子慢慢长大，定投也慢慢“长大”了。

她慢慢长大 越走越远
它慢慢长大 越栓越紧

诠释： 女儿慢慢长大了，要读书，要出远门，要走出省、走出国门，女儿的步伐越来越远；它（定投）也慢慢长大了，它把你对女儿的这种爱却越栓越紧，时间越长越烈，时间越长，定投收益体现越明显。

她　负责玩耍
你　负责陪伴
而我　默默地坚守

亲子定投　必不可少

诠释：她的童年只有一个任务——玩耍。而父母的任务就是陪伴。女儿的玩具费用、游玩游乐场的费用，就让我（亲子定投的收益）来买单吧！

她哭　她闹　她笑　她跳
——她是我四岁的女儿

它小　它少　它慢　它好
——她是女儿的亲子定投

诠释：强调定投的特点，起点金额小，占用资金比例少，收益见效慢，却是目前市场比较好的投资策略。

爱　是陪伴我们行走一生的行李

亲子定投　是陪伴她成长一生的爱

别让你的储蓄跟不上他的梦想
——学子定投创作实录

昌利国，中融基金成都营销中心总经理，巴蜀养基场发起人之一，曾任大成基金成都分公司总经理、大成基金西安分公司总经理。

别让你的储蓄跟不上他的梦想——学子定投创作实录

昌利国

6·1儿童节时，受某银行所托写了几个定投的文案，大家直接拿去用觉得还不错。过了6·1，还接着过了父亲节然后还有端午节，所以大家创作欲望都很强烈，素材都很多。可是，转眼到了7月了，没有节日了。除了小暑、大暑，似乎没有嫁接的点了。

前几天跟一个年轻的同事聊天，她说她其实很想出国的，因为她本科的同学都出国了。她回去问她父母，家里的钱够她出国用吗？父母很肯定地告诉她，不够。于是她老老实实地在我这里卖基金，顿时我的脑海就浮现出了几组话语。

第一组：她的高考刚结束，你的考试才开始

他的考试刚结束　你的考试才开始

做一份定投　少一份揪心

她也是当地当初高考的佼佼者，当她从小地方走进大首都，也是对未来充满了期待和憧憬，可是毕业面临第二次选择的时候，她没得选了，因为她的父母的储蓄跟不上她的梦想。

第二组：别让你的储蓄，跟不上她的梦想

别让你的储蓄　跟不上他的梦想

做一份定投　多一份胜算

我刚上大学时候，成都的房价一直很便宜。有时候我就在想，假如刚上大学时候，我父母就给我买了一套房，我现在日子是不是很滋润呢？如果那时候，我父母给我做了一部分预算来每个月定投直到我毕业去付首付款，等我毕业时压力是不是很小呢？的确上大学之后，我们得靠自己。可是现实是刚毕业，我们还得求救父母。

对即将步入大学的学生的父母而言：他们的高考刚结束，你们的考试才开始。别让你们的储蓄，跟不上他们的梦想。

赚钱的途径很多，为什么要通过定投赚钱呢？

因为我们坚信——

第三组：有钱多定投，多定投有钱

有钱多定投　多定投有钱

可能我不是很富有，也可能受现实种种限制，我满足不了孩子太多太多的愿望，可是——

第四组：每份定投，都是用心

每份定投　都是用心
给孩子多一份投入　她的未来更加美丽

给她多一份投入，她的未来更加美丽。

我到大城市来读书后，妈妈每次给我打电话都很心酸：“儿子，既希望你出去又希望你回来。希望你出去，是因为在家没有前途；希望你回来，是怕你在外面太辛苦。”

多么朴实的话语。

第五组：千里之外每月为孩子定投，仿佛我从未走远

千里之外为孩子定投　仿佛我从未走远
为牵挂定投　每一笔都是在乎

定投的利弊、基金的选择我们在这里不再阐述，不管是强制储蓄还是微笑曲线，基金定投仍是我们散户未雨绸缪的一种努力，是因为——

第六组：每一次你定投的钱，都是在为你想要的世界投票

每一次定投的钱　都是在为你想要的世界投票

以上是这六组定投主题宣传文案的始末，每一组文案都可以用海报、易拉宝、小动画等形式呈现。学子定投可以拓展出很多其他角度的文案，本文仅仅是抛砖引玉，希望可以拓宽大家的思路。

白大褂是你守候的荣耀，红 K 线是我追逐的目标——医护定投创作实录

昌利国，中融基金成都营销中心总经理，巴蜀养基场发起人之一，曾任大成基金成都分公司总经理、大成基金西安分公司总经理。

白大褂是你守候的荣耀，红 K 线是我追逐的目标——医护定投创作实录

昌利国

很多书上总结了客户购买基金定投的理由，比如“客户购买的22 条理由”“打动客户的 8 条内生动力及 9 条次生动力”“客户购买的 5 个关键”。这段时间跟一些银行的领导交流后，我发现基金定投的推广又到了一个瓶颈期，之前的微笑曲线也好，集中交易也好，走进代发工资户也好，都一直没有创新。对于客户经理翻来覆去讲的这些理论，客户有抗体了、有免疫力了。同时也提到看到我们做的“亲子定投”“学子定投”的一些宣传语，的确被打动了，于是我们主动提出可以设计更多的场景，供客户经理推广使用。

在设计医护定投文案之前，首先，我们应搞明白一个逻辑：客户为什么会购买？

研究客户购买动机的书籍很多，我个人还是比较喜欢用“马斯洛需求层次理论”（前文在《基金定投购买动机》中有详细分析）。

其次，我们想想医生有什么特点？

为了设计这些文案，我在分公司内部和我的微信群里做了一个小小的调研——“想到医生，你们想到了哪些关键词？”

“忙、手术刀、白大褂、听诊器、CT 扫描仪、处方、中药、越老越吃香……”

那么，我们如何将它们与基金定投相结合？

于是我们有了以下主文案设计。

白大褂是你守护的荣耀
红K线是我追逐的目标

白大褂是医生的象征，穿上白大褂代表着承担起救死扶伤的天职。

炒股票、炒基金的人最喜欢看到的是红K线，代表着又涨了。

我们做基金定投，终极目标也是想看到红K线。

听得清患者的心跳
却摸不到投资的门道

我们可以在脑中构思这样一幅以听诊器为背景的海报。医生拿着听诊器，能很清楚地听见患者的心跳，

可在面对投资产品的时候，却依然摸不到门道。既然如此，何必劳神费力研究投资理论呢？

就做一懒人投资——基金定投吧！

能切掉坏死的细胞
却割不掉跌停的股票

海报背景图为一把手术刀，理由同上。

能扫出隐藏的病灶
却描不清资本的奥妙

海报背景图CT扫描仪，理由同上。

望　闻　问　切　好传承
快　点　长　大　要牢记

望、闻、问、切是中医的四个基本技能；快、点、长、大是定投的四个特征。

无甘草不成药方
无定投不叫配置

你给病人开处方
我给资产下配方

一把手术刀　不分昼夜　救死扶伤
一份定投　无惧牛熊　集腋成裘

这三段文案可以继续深化医生的职业形象。比如，甘草，又被称为“国老”，自古便有“十方九甘草”一说是很多药方必加的调和剂；而定投，也想投资的“调和剂”一般，是很多资产配置方案中必备的内容。所以我们可以说，无甘草不成药方，无定投不叫配置。

你增加生命的长度
我拓宽生命的宽度

升华到最后，提及医生的职责是救死扶伤，增加患者生命的长度；我们做理财，做定投，其实是在增加财富，拓宽我们生命的宽度。有好的身体才活得长久，有足够的财富才能更好地享受生活。

七夕，定投文案怎么写

昌利国，中融基金成都营销中心总经理，巴蜀养基场发起人之一，曾任大成基金成都分公司总经理、大成基金西安分公司总经理。

七夕，定投文案怎么写

昌利国

七夕了，朋友圈已经被各大广告刷屏了。有“浪漫七夕”“爱在七夕”“单身狗的见证”等广告语，对于基金定投我们又该怎么宣传呢？今天我们借七夕节跟大家聊聊一个广告语是怎么出炉的。

一、思考文案前需要牢记的：5W1H

01

Who: 对谁说——目标客户群体

谁会关注七夕节呢？ 60 岁以上的中老年人显然不会了，我个人觉得对这些节日最敏感的应该有两类人：

（1）刚恋爱的年轻人（20 岁左右）

刚恋爱，抓住一切机会制造浪漫，跟伴侣表白，融入感强。

（2）步入中年的人（35 岁左右 ）

事业稳定，婚姻生活平淡，偶尔需要点浪漫来刺激平淡的生活。

注：好的文案需要对目标客户的特征进行详细的勾勒，越详细越好，如客户喜欢干什么、玩什么、吃什么等。

02

What：说什么——定投诉求点

定投的特点：强制储蓄、坚持投入、平滑风险、懒人理财。

03

Why：为什么说——宣传的理由

宣传的理由就比较简单了，借势进行品牌宣传，借机蹭热点促销量。

04

When：什么时候说——宣传的时机

可以在节日前说，用于烘托气氛；节日当天说，可以蹭热点，但容易被众多的宣传淹没；节日后再说，便需要好好炒冷饭。

05

Where：在哪说——宣传的阵地

是在网点厅堂宣传还是在电视广播上宣传，或者是就在朋友圈发一发？

06

How：怎么说——怎么组织语言更能打动人

二、怎么去寻找结合点？

对目标人群进行了详细的定位之后，我们需要将节日跟我们的主题结合起来。一般而言，需要结合得方面主要有：思维导图法、单点发散法、意象拓展法、头脑风暴法。本文主要介绍思维导图法。

三、案例：利用思维导图来思考定投与“七夕”如何结合

七夕节是中国古代的一个节日，也称乞巧节，相关传说主要是牛郎和织女凄美的爱情故事，后面逐渐演变成中国版的情人节。

想到七夕节，我们会联想到。

（1） 浪漫、爱。谈钱伤感情，谈感情伤钱。在这个节日商家都是鼓励动人们花花花，都围绕女人来写，比如：“爱她，就给她”“女人就该对自己好点”，等等。我们换个角度，站在男人的角度去写，现在男人的压力都挺大的，节日太多了，微薄的工资根本不够花，那是不是有：

节日：花的是钱，不是爱
基金定投：投入的是爱，不是钱

个人很喜欢这一句，如果两个人的爱情真的很好，真的是过日子的，为什么要在乎七夕节对方为你做了什么呢？

我对你的爱从来不外露，不张扬，

我就默默地注视着你。

犹如舒婷的《致橡树》

如果我爱你

绝不像攀援的凌霄花

借你的高枝炫耀自己

如果我爱你

绝不学痴情的鸟儿

为绿荫重复单调的歌曲

…………

我不送你易逝的玫瑰，不送你增肥的巧克力

我默默地为了你开了一户每个月定投 1314 元的基金

因为我投入的是爱，不是钱

两情如是久长时

尽在月月定投中

…………

很多商家只是在鼓励我们消费，鼓励我们刷刷刷，鼓励我们为亲情买单，为爱情买单，似乎从来没人关注过我们的钱从哪里来。他们只是告诉我们“花呗”，没有钱还那就“借呗”。但我们要储蓄，就要好好过日子，就得好好规划，因为：

金风玉露一相逢，便花掉积蓄无数
基金定投，强制储蓄，为爱蓄力

（2）银河。银河是王母娘娘用来阻止牛郎织女相爱的。现在又有什么是阻碍恋人相爱的呢？事业、父母、距离、房子、车子，等等，归结起来，主要还是财富不自由：

天上的银河，阻隔着忠贞不渝的爱
小小的定投，诉说着亘古不变的情

天上有银河，于是有了鹊桥去成全，喜鹊虽小，却成全一桩美事。

财务有了困难，用基金定投去慢慢累积，定投虽小，却能给你一个希望。

由于篇幅有限，后面我们就不展开详述了。每个人看到一个词都会延伸出不同的词汇，不同词汇会产生不一样的联想，不一样的联想就有了不一样的文案。

此处只是抛砖引玉，把大家的注意力吸引到定投上来。

Tips:

5W1H（WWWWWH）分析法也叫六何分析法，源于1932年美国政治学家拉斯维尔提出的“5W分析法”，是一种思考方法，也可以说是一种创造技法，在企业管理、日常工作和学习中得到广泛的应用，后经过人们不断运用和总结，逐步形成了一套成熟的“5W1H”模式。本文借助“5W1H”这种表达形式，提出文案创作需牢记的6大核心要点，以便于读者理解。

中秋，定投文案怎么写才走心

昌利国，中融基金成都营销中心总经理，巴蜀养基场发起人之一，曾任大成基金成都分公司总经理、大成基金西安分公司总经理。

中秋，定投文案怎么写才走心

昌利国

中秋节是中国非常重要的一个节日，我们今天就来一起聊聊：中秋，定投文案怎么写才走心？

上一篇《七夕，定投文案怎么写》，我们跟大家聊了写文案之前要先思考“5W1H”，并给大家介绍了如何利用“思维导图”工具进行思维发散创作。

今天，我们再介绍另外一种思维方法：意象拓展法。

所谓意象拓展法，往往用于发散更抽象的内容，是一种感觉上的联系。

比如：想到中秋我们想到什么？（以下是根据我的第一反应来写的，大家也可以尝试跟着自己的感觉走）

1. 团圆

中秋就应该是家人团圆的日子，很多品牌、很多文案都是在打团圆这张牌。但是，我看了很多团圆的文案，总感觉是无病呻吟，不走心。

前段时间，我带着父母到我工作的城市转了转。父母平时很少出来旅游，这次我带他们出来，他们很高兴，很满足。他们高兴的是：看着儿子在外面能养活自己了，不像老家的一些孩子还要啃老；也庆幸自己的儿子在外面有一个正经的工作，他们不用太操劳了。在跟邻里乡亲介绍起自己的儿女时候，嘴角都泛起满意的微笑：儿女都团圆了。

团圆，在我们湖北老家更多是表达儿女都成家立业了，能独立门户了，自己养育的责任可以慢慢卸下来了。

儿行千里母担忧，担忧的是什么？担忧儿女在外面过不好，担忧儿女在外面养活不了自己。如果知道你在外面过得好，父母便满足了，儿女都团圆了。

于是，我默默在纸上写下了：

团圆，不是买了一张回家的车票
而是拥有主宰未来的门票

2. 思念

想到团圆，自然而然就会想到思念。没法回家团圆的人，内心都充满了思念。很多文字都在抒怀、煽情，觉得思念就是该回去看看。

常回家看看又是多少游子的心结。我老家在湖北，工作在成都，在成都这边有了自己的家庭，平时工作比较忙，一年就只有 2 个长假，还要兼顾岳父岳母，回老家的时候少得可怜。

不回家的时候，我觉得特别想家，想家里的一草一木，想家里的叔叔伯伯。可是，每次回家之后却总待不住，待两天就想走。因为彼此生活圈子不一样，关注点不一样，谈话都是不疼不痒，见面都是寒暄再寒暄。我在家里待不了几天，就觉得家乡的生活乏味。

这次我把父母接出来玩了几天，他们很高兴，我也很舒服。因为平时我没有时间回家，而他们没有机会出来。进而，我想到很多时候人们总说，思念，就是常回家看看，其实都是以自我为中心，把家乡一切当成一个静止的参照物，好像觉得家里一切都照旧，不应该发生变化，而你要初心不改，不管多远，都要回去看看。

其实，很多时候，父母把我们培养出来，让我们去见更大的世界，是因为他们其实也向往更大的世界。当我们有能力了，也应该带他们去见更大的世界，所以：

思念，不是常回家看看
而是带他们满世界转转

3. 陪伴

说了团圆、思念，接着就是陪伴了。目前中国经济高速发展，很多人生活压力都很大，没有办法去常年陪伴在父母身边。

我妈妈有一次到成都来玩，看着我和我老婆每天早上 7 点不到就出门，晚上 8 点过才回家，心疼地跟我说：儿子，当初就不该让你读书，在家里都没这么累。有时候，做妈妈的既希望你出来，又希望你不出来。希望你出来是觉得你有出息，不希望你出来是怕你在外面太累。

父母要的其实是一种心安，如果你过不好自己的生活，给他们再多的陪伴，他们都觉得不踏实。

所以：

陪伴，不是守候在他们身旁
而是你能独自远航

会照顾自己，会理财，能过好自己的生活，告诉父母你能应付，你能独自远航。

以上详细介绍了3个词语的发散。

当然，想到中秋，还有“圆、月、嫦娥、月饼”等词，比如想到月亮——

月有阴晴圆缺，股有涨涨跌跌
此事古难全，多做定投少亏钱

进一步，想到月亮，是不是还有“猴子捞月、镜花水月”？

水中捞月，股海淘金，皆为幻影
不择时，不投机，细水长流，基金定投

……

以上只是一点个人浅见，大家尽可以跟着自己的感觉，多做些尝试，寻找自己脑海中闪过的那抹灵感。

你能说服任何人
——如何让数字表达更性感

昌利国，中融基金成都营销中心总经理，巴蜀养基场发起人之一，曾任大成基金成都分公司总经理、大成基金西安分公司总经理。

你能说服任何人 ——如何让数字表达更性感

昌利国

这些天股市行情有点回暖，朋友圈里很多人都开始晒业绩，1 年 30% 的收益率等等。这些数字真的能触动我们的购买欲望吗？

我问一朋友：1 只基金净值 5 个月上涨了 15%，多吗？

他说：多。

我继续说：如果市场上 6 735 只基金中，有 6 734 只基金上涨了 50%，就你持有的这只上涨了 15%，排第 6 735 名，你还觉得多吗？

他说：不多。

是的，这几天我一直在想，我们经常说：数字不会说谎，数据不会说谎。我今天就想聊聊数字表达的“诡计”，如何让数字表达更性感。

一、类比

我每次回家的时候，总是看到楼下一水果摊上支着一个大大的招牌：香蕉原价 39.6 元 / 千克，现价 17.6 元 / 千克。这样的招牌总是吸引我走过去，觉得我今天赚到便宜了。

如果他再加一行：双 11 特价 15.6 元 / 千克，将会更大地刺激我的购买欲望。

如果他花点心思，再多加一行字：每人限购 1 千克，我估计得马上掏钱买了。

好了，回过头来再说我们业绩好，是不是也可以这样：

6 735 只基金，平均收益 3.3%，

XXX 基金，今年以来年化 33%，

最近三个月年化 43%。

这样写是不是会让客户感到更加直观？

东方红睿玺配售比例 11.2%，真的是因为他们的业绩好吗？业绩好的多的去了，为什么只有东方红火了？我最近看到很多朋友圈，纷纷拿东方红的业绩跟自己公司的对比，试图创造东方红的奇迹。这肯定是徒劳！

上周，我一朋友从外地过来，我和他坐上成都的一辆出租车，在车上讨论，晚上去小龙坎吃火锅。出租车师傅听后跟我们说，他找到了一条发财的道路。在成都周边的彭州有一家专门卖火锅底料的店，有小龙坎的、大龙燚的、钢管五厂的，等等。他准备采购这些火锅底料，放弃开车的工作，去贵阳开一个火锅店，火锅店的名字他都想好了——“贵阳小龙坎”。因为火锅底料是从彭州买过去的，一样的口感，肯定爆火！他还沾沾自喜地说，他用的是“贵阳小龙坎”，不是“小龙坎”，品牌上打了擦边球！

出租车师傅会成功吗？也许会，也许不会。但是他肯定犯了一个错误：外地人到成都吃小龙坎或者钢管五厂真的是因为口感好吗？真正吃地出火锅味道差别的人有几个？他们吃的并不是味道，而是气氛，只要不难吃，都能接受！

那么，和东方红去比业绩、去提升规模能成功吗？也许能，但是可能性很小。所以很多人说东方红资管不需要销售是个误区，他们的营销做得很牛。他们在营销过程中，也是充分利用了数字的诡计，利用稀缺性调动了客户的购买欲望。（我也“上套”了，忍不住买了 5 万，我不知道东方红睿玺是投股还是投债的，我也不知道基金经理是谁，我只知道我的每个朋友都在刷，都在呐喊：“赶紧啊！一人只有 5 万的额度！”我随大众，买了。

二、具象化

把抽象的数字具体化。

3 个月绝对收益 10%，是什么概念？

那就是：3 个月的时间里，投资 100 万元赚了 10 万元，而且还是税后的。折合年化 1 年税后 40 万元，税前差不多 70 万元。我们介绍产品时，可以对客户这样说。目前国家对国企进行限薪，70 万元差不多是一个国企总经理的账面工资。你不需要像总经理那么操劳，那么多应酬，那么多纠结，却可以跟他赚一样的年薪，不是因为你读了耶鲁、哈佛，而仅仅是在我们这里买了 XX 基金。如果，你没有 100 万元，10 万元也可以。（表述的时候，眼神坚定地看着客户，语速放慢！是的，你的客户已经开始在脑海想象当上总经理的感觉了！）

对于，每万份收益 1 元钱的货币基金，又该怎么说呢？

上周，我在华西证券其营业部做关于演讲技巧的讲座。

我问一个 20 多岁的客户经理家里是否有小孩。他说：有，1 岁多。

我说：在用尿不湿吗？

他说：用。

我说：一片多少钱？

他说：大概 1 元多。

OK，谈话到这里，我试着去把这 1 元钱具象化。

我也是一个孩子的爸爸，我小孩的爷爷奶奶、外公外婆都是比较省的，觉得小孩每天用几片尿不湿太浪费了，因为婴儿随时可能尿，尿了就换一张尿不湿，太奢侈了。但是，我和孩子的妈妈不愿意了，这样让孩子的小屁屁都红了，不换尿不湿，感染了怎么办？

这时候，如果老年人强势点：家里就发生争执了！

老年人是不愿意换尿不湿吗？不是的，他们是觉得家里花钱的地方多了去了，能省一点算一点。好，我把他们存在银行 10 万块的活期转到货币基金，告诉他们尿不湿不用我们掏钱了，他们开心了。小孩尿不湿换得勤了，也不争吵了。（大家可能会笑，但是这是事实。我的岳母现在看见我，总是很开心地说，我又给淼淼买了几只虾，都是 XX 货币基金赚的哦！）

同样的，遇到不同的客户，我们可以利用不一样的具象化的场景，去带动客户的情绪和感观。

三、场景化

把客户植入某个场景中去。

我在某证券公司推广一款“T+0”货币基金产品的时候，有客户经理跟我说，他的客户对“T+0”不敏感。

我老婆也是，对我们宣传的“T+0”不敏感，常常表示毫无兴趣。有一天早上，我送她去上班。

刚启动车子，我跟她说：老婆，淼淼老师给我发我微信了，说淼淼学古筝的 4 000 元钱还没交。

老婆一脸惊慌：完了完了，忘记了！淼淼前天就跟我打了电话，说妈妈要交钱了，我这几天给忘了。怎么办？老公！不能让淼淼错过交学费的时间啊！课我手上的钱也不够，怎么办？

我淡定地说：还好！我买了“XX 钱包”货币基金，赎回马上到账，我赎 4 000 元来应急吧！

老婆转惊为喜：还好，还好！老公，你给我也安装一个呗！

……

这个简单的案例告诉我们，客户是否对“T+0”敏感，或者是否对我们推广的某款产品有兴趣，其实很多时候并不一定单纯地取决于产品质量、产品功能或者产品定位。客户在不同的时间、不同的地点，不同的场景下，会产生不同的需求。我们能否有意无意地把客户植入到实实在在的场景中去，从场景中提炼出客户的需求，再设计相应的产品去满足客户的需求，这才是精准营销的核心要义。

后记

HOUJI

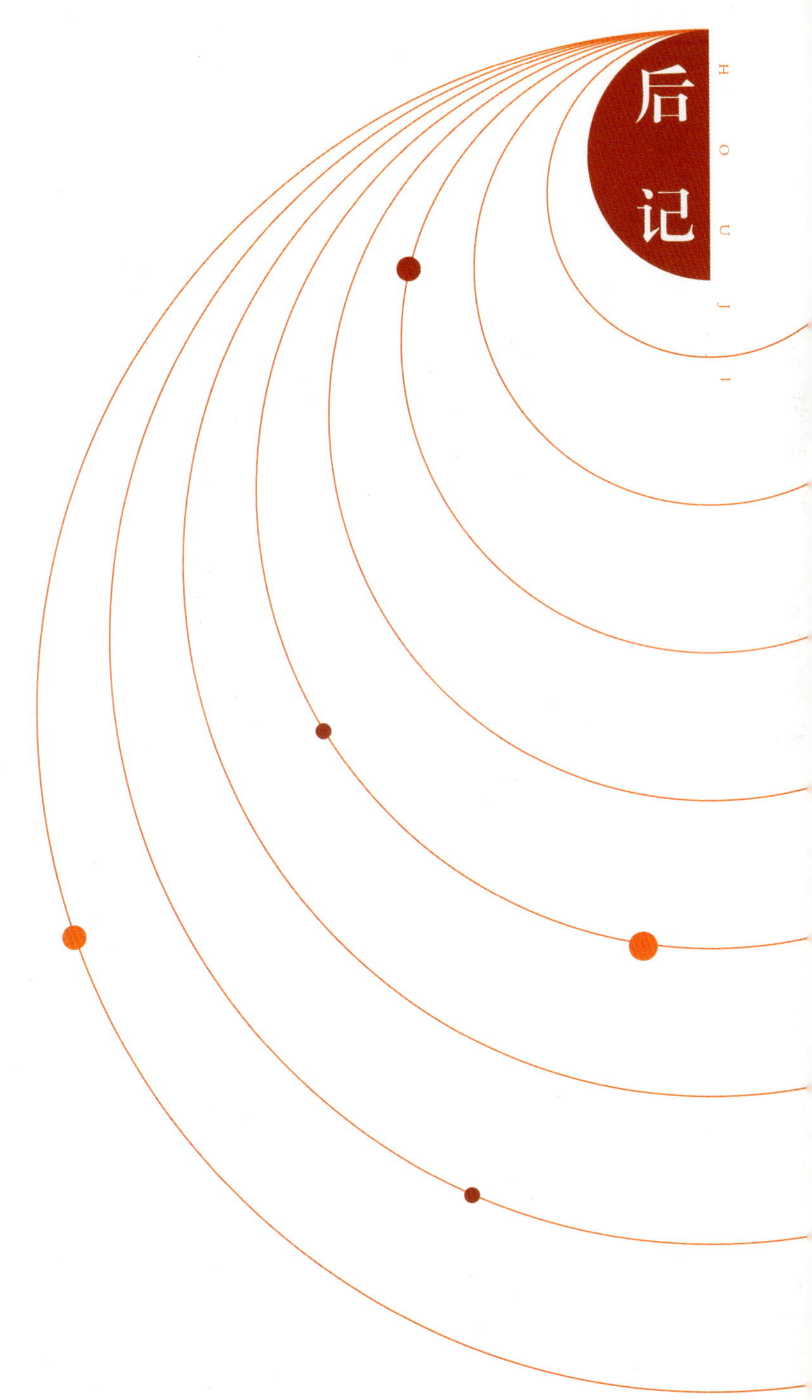

难念的经 难产的书

定投，是一个神奇的品种。基金公司把它当成获客的手段，银行把它当成考核的指标，客户经理把它当成抵御市场风险的产品，客户把它当成强制储蓄、穿越牛熊的投资策略。

可是，我本人作为一名在基金公司工作长达八年之久的一线销售经理，却曾经很长一段时间没有做过定投，因为我无法给自己一个合理的解释去参与。在我多年不变的理念里，一份定投每个月扣款 500 元，一年总投入也不过 6000 元。如果市场行情不错，这笔投资取得了 10% 的年化收益，那么一年的总收益也不过 600 元。

600 元能干什么？还不够一个月一包烟钱。

于是有朋友反驳我说，正因为这样，所以才要做大额定投啊！

咋一听，我深以为然。却在准备投入的时候，又听到另外一位来自银行的朋友反驳，举例问我知不知道麻将桌上，200 元一番和 2 元一番有什么区别？

有什么区别呢？区别自然是参与者的心态。2 元一番玩的是娱乐，200 元一番玩的是心跳。

同理，如果基金定投每月扣款四五万元了，那还是定投吗？定投的核心优势在于帮助投资者放弃关注市场波动，可当投入的资金量放大到一定程度时，一旦遭遇市场急跌，我们还能轻松对待吗？

自然，那是不可能的！

于是，基金定投就成了我心头一本难念的经，食之无味，弃之可惜。直到有一天，当我静下心来与巴蜀养基场的小伙伴们探讨金融产品与营销理念的具体结合时，才猛然发现，长期以来我们宣传的基金定投如何赚钱、如何穿越牛熊……其实从源头上就已经犯下了一个根本的逻辑错误。基金定投可能是个好东西，但这并不代表我们可以用同一套逻辑去说服每个人购买，因为每个人购买行为背后的动机是截然不同的。

基于这份顿悟，我们才萌发出要写一本《基金定投的非传统营销》的念头。我们希望可以尝试着从不同的维度和角度去剖析客户的购买动机，也尝试性地利用水平思维对定投的概念进行平移和嫁接。这虽不敢自称首创，但却仍是一个大胆的想法！

正因为大胆，这本书几度几乎难产。当我把想法讲出来的时候，大家都觉得很新颖。而当我们跃跃欲试准备出书的时候却犯了难。这样一本书，到底应该按照标准教材的写法呢，还是比照杂文的排版呢？如果要说逻辑严密，那我们应该以更严谨的推导、更深度的数据、更多经过反复测试验证的模型来支持书中的理论。但如果这样写，这本书又将落入常规知识性辅导的俗套中，成为随手可弃的无味读物。我们更觉得这是思想的火花，是我们奋战一线多年思考总结出的招术，它行散神聚，它看似轻描淡写实则招招制敌。负责编辑的老师也几易其稿，觉得甚难为之归类——这究竟是一本营销书，还是一本杂文集？定稿困难重重，编辑部数次反复争论，几近放弃，只因书尚未成型已预售数万册，中途放弃实在无颜面对大家的殷殷厚望，于是它才得以在经过多达五轮的反复修改和长达六个月的多次审稿后，真正摆上印刷机。

当难念的经和难产的书碰撞在一起，会产生什么样的化合反应呢？我不知道您看完全本书是什么样的感觉，我能感觉到思想闪烁的火苗，我能扑捉到变革的味道，我还似乎嗅到了一丝不甘于平庸的气息！群体在一起讨论的结果往往趋于中庸，群体一致认可的事物往往趋于平庸。难能可贵的是，这本《基金定投的非传统营销》能从群体之中脱颖而出，没有落入俗套，没有陷入中庸，这本身就已经是对传统的一种宣战！

期待不一样的您能吸收到这股非传统的力量！

昌利国

2018 年 3 月 1 日

编后语

BIANHOUYU

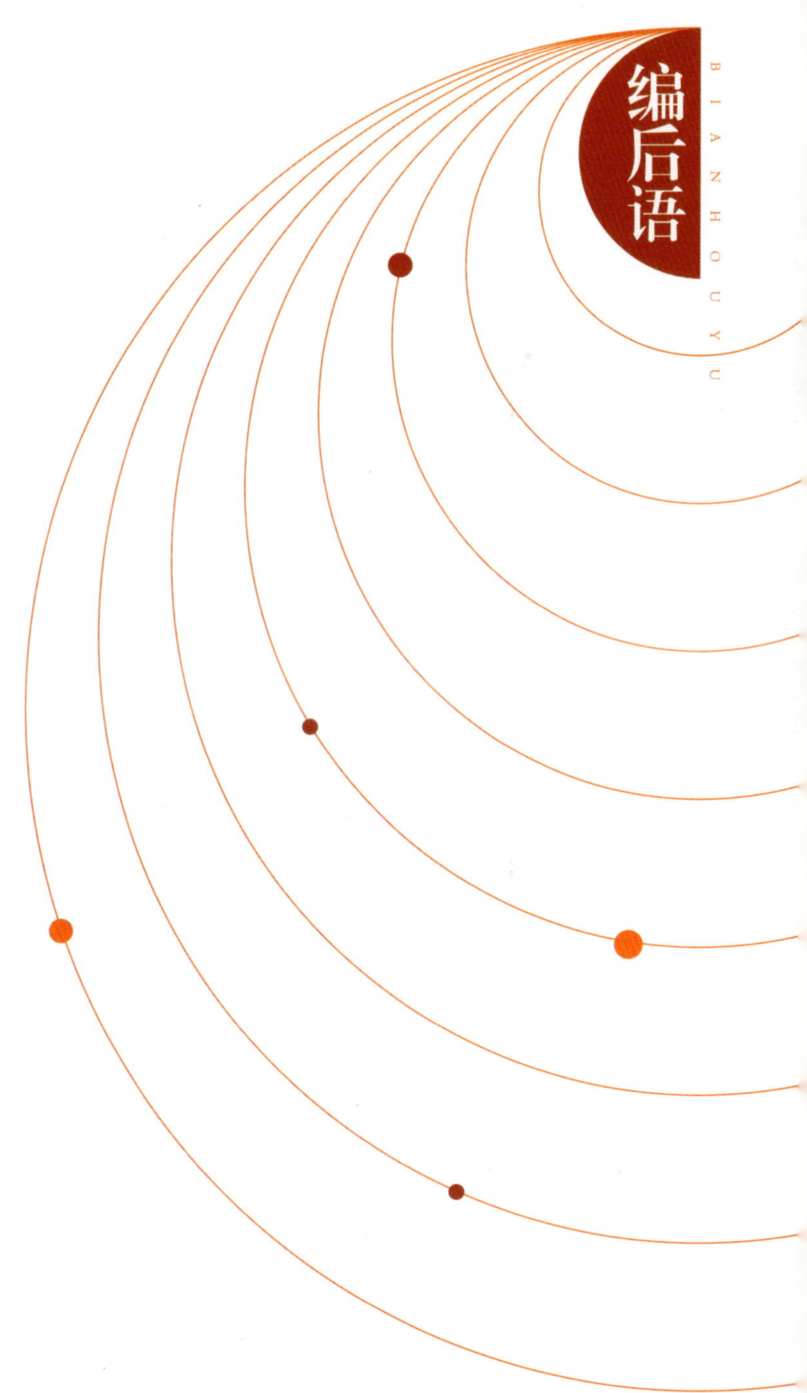

写在印刷之前

这是一段计划外的文字。

作为巴蜀养基场的编辑组成员，在整本书的诞生过程中，我从未想过要自己动笔记录点什么。

不仅没有想写，还多次反对过这本书的生成。

从小到大，一路埋头读圣贤书考八股试的我对书有种源自骨子里的敬畏。书中自有黄金屋，书中自有天地阔……书者，著也，岂是我等普通人可以妄自置喙的。

每当这时候，昌利国就安慰我：不要怕，要敢于做梦。

是的，最近一年多来，每每夜深人静，我都有种活在梦中的感觉。

而去年这个时候我初识的巴蜀养基场，就是梦开始的地方。

我甚至不知道是谁拉我入群的。只记得某日微信中，突然冒出来一个500人的群，主题仿佛与基金有关。

这个群比我加入过的任何一个群都更活跃。一会儿有人语音讲课，一会儿有人吆喝活动。带着银行人惯有的谨慎，我默默看着群里的热闹，不发言，不参与，也不退出。

不参与，是因为性格中的不喜喧嚣。不退出，却是因为群里分享的课程对我有着不小的吸引力。由于工作原因，我必须深入研究基金产品和市场走势，但财务出身的我对基金的所有认知都局限在研究生课本中生硬死板的只言片语。多年来，早已习惯了“专业学习全靠百度”，突然冒出这么一个微信群，隔三差五有专业老师免费帮我系统化地梳理基金的某个专题，要说没有受益，要说没有渐渐心生感激，那定然是假话。

潜伏得久了，我开始了解这个群体是怎么一回事。

我渐渐知道了这是一个金融圈的公益组织，知道了所有的讲师和工作人员都是自发参与的志愿者，知道了他们都是半夜干活且明显人手不足。

带着对“公益”二字天然亲近的情绪，和对受益当回报的原始愿望，我响应了他们对美工人员的邀约。

那是我人生第一次自绘海报。

现在回想起来，自己都百思不得其解，当日是什么样的冲动激发了毫无美术功底、毫无美工概念的我跳出来对基仔说：我来试试吧。

至今我都清晰地记得那张海报。

面对即将展开的2017年年会主题，我思来想去毫无头绪，于是上淘宝搜索“年会海报”，发现有售PS背景图片，于是买下来，用自己零星的PS技术加了些字，画了几根线条，便算完工。

忐忑地将拼凑的图片提交给编辑组，却不想，意外地受到大家一致好评。

以“午夜精灵”自嘲的编辑组给予了我200%的认可和拥抱，那份热情融得我无地自容恨不能找个地缝钻进去。

年会的美工工作就这样迅速交到了我手中。邀请函，PPT，现场视频，场主秀小册子……如山的任务和压力纷至沓来，让我立即陷入梦幻般的手忙脚乱中。没有基础，没有经验，却面对着满满的期待和信任，不容辜负。

万般无奈，我只好白天恶补《Photoshop小白进阶》《Illustrator无师自通》之类的速成课程，夜里哄完两岁的女儿入睡后再挑灯夜战，边学边练。

借用昌利国常常给大家“打鸡血”的话说，这叫“压力产生动力”。

是的，压力可以产生动力发掘潜力。

如果没有，那定是因为压力不足够大。

我用吃饭、通勤和一切零星时间重学了Photoshop，初识了Illustrator与Indesign，连等电梯、坐公交的时候都在学手绘、泡站酷网、听色彩课……

一年来，巴蜀养基场的美工活儿从未间断过，我对美工领域的学习也从未间断过。累吗？是的，累是必然的。后悔吗？不，当然不！

因了这份突如其来的责任和压力，我猛然发现，工作近20年，我才终于找到了自己真心热爱的领域。

那是任何阻扰都无法抵减分毫的喜爱。

脑海中时常浮现出的是，摩西奶奶77岁开始学画，她说人生永远没有太晚的开始，只要真的找到了自己心甘情愿为之付出时间与精力、愿意终生喜爱并坚持的事业。

是的，不是金钱的积累，不是职位的晋升，不是权力的膨胀……也不是为了一日三餐疲惫奔波，到四五十岁回头质疑自己半生劳碌的价值何在，存活一世的意义何在。

夜深人静躺在床上，放下一天的疲劳，真正能够慰籍大脑充盈身心的，还是那些发自内心的热爱。我知道，于我而言，这份热爱便是我尚不能称之为入门但却魅力无限的美工编辑。

而这份“悟”，全拜巴蜀养基场所赐。

若没有令人目不暇接的产出压力，没有后台小伙伴们毫不吝啬的支持与鼓励，没有满满正能量的团队相互帮衬，没有养基场花样频出的需求牵引……若没有你们，我应当还是默然于两点一线以谋生和育儿为人生主要目的的那个最最普通的银行职员，泯于枯燥繁复的日复一日里，终其一生或许都不能识到本心。

常常有人问，巴蜀养基场存在的意义是什么？

为了钱吗？

这个组织没有收入，没有盈利。

为了发展吗？

这个组织没有职级，没有升迁。

为了好玩吗？

频繁地通宵达旦日以继夜，也许并不是一个“玩”字可以支撑下来的。

那为了什么呢？

我想，如果一定要给参与赋予某种意义，那我更宁可将它表述为一个让心沉静下来的归属，一缕分享与被分享的快乐，一份对人生对梦想对未知的向往，和与志同道合的同伴一起携手不断前行的喜悦。

为了这份喜悦，我终于还是忍不住在印刷前写下这篇编后语，只想借这个机会，对亲爱的同伴们说一句：

有你们，真好！

在探寻内心归属的迷雾途中，能有你们相伴同行，我何其幸甚！

不禁想起编辑组写在2018年《巴蜀养基场金牌讲师秀》活动策划案中的那句话：

“多一个平台展示自己的精彩，也许将产生很多种可能。”

的确，Life is like a boat of chocolates. You never know what you are going to get. 现代社会的生存模式已经让我们养成了太多功利性的思考习惯，而推开一扇窗之后究竟能看到些什么风景，或许唯有抛开利弊得失的权衡，真正“傻乎乎”地去付出诸多努力之后，才会豁然明朗。

在我的理解中，抱着团，取着暖，做着梦，傻傻地尽管往前走，去追寻心之所向梦之所向，或许，才是巴蜀养基场吸引我们的真正缘由。而记录下成长的历程，享受分享与被分享的快乐，看着自己一步一步的前行，也或许才是这本书出世的意义。

尽管它不完美，尽管字里行间仍有诸多瑕疵，但它明明白白录下了我们热情洋溢的心血和磕绊前行的痕迹。

窗外零零星星又下起了雨，一片初春的清冷。静坐电脑前，望着屏幕上密密麻麻的成稿，想着这一年多来的点点滴滴，想着你们或爽朗或静谧或张扬或含蓄的笑容，心间渐渐充盈出满荡荡的暖意。

范琼文

2018 年 3 月 17 日　成都